Die Geschichte von

# Kraftwerks „Autobahn“

Jan Reetzes Liebeserklärung an
ein 50 Jahre altes Album

# KALTSTART

Es gibt Musikstücke, Platten, in die man sich beim ersten Hören verliebt. Man ist begeistert, sie treffen die momentane Stimmung oder die Lebenssituation, sie sind die Lieblingsmusik des Partners oder der Partnerin. Und man denkt, das reiche für immer. Aber dann, nach einiger Zeit, bemerkt man, dass man die Platte eigentlich schon lange nicht mehr gehört hat. Legt man sie dann wieder auf, um die alte Magie nochmal hervorzuzaubern, merkt man, dass sie irgendwie an Leuchtkraft verloren hat, dass sie so atemberaubend wohl doch nicht ist. Man weiß ja, wie das geht. Man macht Neuentdeckungen, man folgt Nebengleisen, die man nicht kannte, der Geschmack ändert sich, die Interessen ändern sich, man stellt fest, dass man die Platte anders in Erinnerung hat, als sie beim Wiederhören klingt, man lernt neue Leute kennen, die Vorlieben driften auseinander. Das Leben halt.

Aber es gibt ein paar Platten, die hängenbleiben. Die auch nach Jahrzehnten ihre Magie nicht verloren haben. *Revolver* von den BEATLES, *Sticky Fingers* von den ROLLING STONES, die erste SOFT MACHINE, Terje Rypdals *Odyssey*, alles von STEELY DAN, die selbstbetitelte einzige LP von THE UNITED STATES OF AMERICA, TANGERINE DREAMS *Ricochet*, ziemlich alles von CREEDENCE CLEARWATER REVIVAL oder von JEFFERSON AIRPLANE, Steve Reichs *Music*

*For 18 Musicians*, Terry Rileys *A Rainbow in Curved Air*, die erste NEU!, CANS *Tago Mago*, Karlheinz Stockhausens *Hymnen*, Brian Enos *Thursday Afternoon*, und noch ein paar weitere (ich will Sie nicht damit langweilen) – das waren Platten, die mein Musikverständnis nachhaltig verändert haben. Auch jetzt, nach Jahrzehnten, finden sie noch immer von Zeit zu Zeit ihren Weg auf den Plattenteller oder in den CD-Player, und sie zünden zuverlässig bis heute. Und nein, sie sind keine Quellen von Nostalgie, sie bringen mich nicht in die Siebziger oder Achtziger zurück. Natürlich: Sie tragen bis zu einem gewissen Grad den Zeitgeist ihrer Entstehung in sich. Sie standen damals im Umfeld anderer Bands und Musiker, die ebenfalls versuchten, ein Album für die Ewigkeit zu machen, aber ob das gelingt, hat niemand in der Hand. Und überhaupt ist das, was andere zur selben Zeit gemacht haben, nicht der entscheidende Faktor.

Manche Platten stehen einfach autonom für sich selbst. Sie waren singulär, als sie erschienen, und sie haben ihr Eigenleben bewahrt bis heute. Man hört sie nicht „als" irgendetwas, sondern als genau das, was sie waren und noch immer sind.

In diese Kategorie fallen auch die Platten von KRAFTWERK.

Irgendwann im Spätherbst 1974 blätterte ich die Neuerscheinungskiste im Plattenladen meines Vertrauens in Hamburg-Eimsbüttel durch, wie ich das meist einmal wöchentlich tat.[1] An diesem Tag fand sich in der Box eine neue Platte von KRAFTWERK. Das war zunächst eine dieser Liebe-auf-den-ersten-Blick-Bands gewesen, bei der es sich dann aber schon bald herauskristallisierte, dass daraus eine Dauerbeziehung werden würde.

*Autobahn* hieß das Werk, das ich da fand, und schon das Coverbild sprach mich sofort an. Das Album erwischte mich ohne jede Vorinformation, völlig überraschend, ich hatte nicht gehört, dass es angekündigt gewesen wäre, mein Herz schlug umgehend ein bisschen schneller, und mein Portemonnaie verlor umgehend ein bisschen an Gewicht.

Fünfzig Jahre ist das jetzt her. Als die Platte erschien, war ich 17. Es folgten fünfzig Jahre manchmal ziemlich kurvenreiches Leben. Aber *Autobahn* ist mir heute noch wichtig. Noch immer spricht die Platte etwas in mir an.

Das muss schon eine recht besondere Platte sein, die das kann: fünfzig Jahre lang präsent zu bleiben, während viele andere Platten, die mir ebenfalls mal wichtig waren, sich im Laufe der Jahre als nicht gut gealtert erwiesen haben und durch das Sieb gerauscht sind. *Autobahn* gehört zu jenen, die alle Stürme überlebt haben.

Dieses Buch geht der Frage nach, was diese Platte einmalig macht, was das Besondere an ihr ist, was sie aus dem großen LP-Stapel herausragen lässt und woran das liegen könnte.

## 1. NOVEMBER 1974

Dieses Datum wird in den heute üblichen Web-Quellen als der offizielle Tag der Veröffentlichung des Albums genannt. Zum damaligen Zeitpunkt aber haben selbst Insider das kaum mitbekommen, auch in den einschlägigen Musikmagazinen war mir kein Hinweis auf diese Platte aufgefallen.

Als Absichtserklärung kann das Datum durchaus gestimmt haben. Tatsächlich aber blieben solche Angaben damals meist Theorie. Ein genaues, mit viel Getöse wochen- oder sogar monatelang durch alle Medien gejagtes Veröffentlichungsdatum (kurz auch „VÖ" genannt), wie wir es heute gewohnt sind, war in den 1970ern generell nicht üblich, auch musste der VÖ-Tag nicht unbedingt ein Freitag sein. Die Infrastruktur, die nötig gewesen wäre, ein solches Datum einzuhalten, war noch nicht ausgereift, und die Plattenindustrie war clever genug, sich nicht selbst unter künstlichen Druck zu setzen. Es bestand auch einfach keine Notwendigkeit dafür. Magazine wie etwa die monatlich erscheinenden „Sounds" und „Musikexpress", die damals für die Rockmusikfans neben den Jugendfunksendungen im öffentlich-rechtlichen Radio (kommerzielle Sender gab es in Deutschland erst ab 1984) das wichtigste Informationsmedium im Lande waren, veröffentlichten zwar Listen der vorgesehenen Neuerscheinungen, aber ohne Datum, und zu bedeuten hatte die Meldung nicht viel.

Meist lief es so: Hatte man als Fan einer Band von einer bevorstehenden Veröffentlichung gehört oder gelesen oder war einfach neugierig, dann fragte man im Plattenladen, ob eventuell etwas Neues in Aussicht sei. Meist erntete man ein „keine Ahnung" signalisierendes Schulterzucken. Mit etwas mehr Glück, und wenn man ein bekannter Kunde war, erhielt man vielleicht eine Auskunft wie: GONG, ja, da sei wohl etwas in der Röhre, mehr wisse man aber auch noch nicht – die Scheibe könne nächste Woche kommen, vielleicht auch erst in vier Wochen, versprechen könne man nichts. Wenn man einem neuen Album so entgegenfieberte, wie das echte Fans nun mal tun, dann konnten nach einer solchen Ansage die nächsten Wochen zu einer harten Geduldsprobe werden. Udo Lindenbergs LP *Ball pompös* (1974) etwa verharrte mindestens drei Monate lang im Status der Ankündigung, ohne dass Näheres in Erfahrung zu bringen war.

Wenn es um Rock-Platten aus England oder den USA ging, war nicht selten der Versandhandel schneller als der Plattenladen um die Ecke. Die entsprechenden Händler inserierten seitenweise in den Popgazetten. Es gab nicht unendlich viele solcher Händler, und natürlich kannten wir sie alle. Die hatten die ersehnte Scheibe tatsächlich manchmal zuerst, und zwar als Import aus England oder den USA; die deutschen Plattenfirmen waren oft ein wenig schlafmützig mit deutschen Pressungen. Auch bei einer auf Rockmusik spezialisierten Ladenkette konnte man Glück haben, aber es gab nicht viele dieser Art.

Sicher sein konnte man nie, denn auch die Versender konnten bluffen. Selbst wenn die gesuchte Platte in deren Katalogen oder Anzeigen bereits gelistet war, musste das nicht viel heißen. Oft lief es darauf hinaus, dass man die LP orderte, und dann passierte wochenlang nichts, weil der Händler die Platte selbst nur aufgrund einer „Ankündigung" als lieferbar avisiert hatte, ohne sie wirklich schon am Lager zu haben.

Erst recht galt letzteres für Importplatten aus Australien, Osteuropa und ganz besonders Japan. Im Falle wichtiger (auch deutscher) Platten spielten Japan-Importe im Prä-CD-Zeitalter unter Fans aufgrund ihrer unschlagbaren Press- und Ausstattungsqualität eine nicht unerhebliche

Rolle. Dafür nahm man höhere Preise und längere Wartezeiten in Kauf. In Sachen Deutschrock war auch Australien eine interessante Quelle – es gab dort einige Mini-Labels, etwa Neutron Star oder Clear Light Of Jupiter, die deutsche Rockmusikplatten in Lizenzausgaben vertrieben, wenn deren deutsche Originalpressungen schon vergriffen waren. Klar, dass da manchmal noch unkalkulierbar lange Transportwege und Zollaufenthalte hinzukamen. Jeder Händler hatte seine eigenen Importquellen, die meist ihr Bestes taten, aber zaubern konnten sie nicht. Das war kein Bluff; als regelmäßiger Kunde solcher Versender wusste man das natürlich und war nicht ernsthaft böse, wenn das ersehnte Päckchen lange ausblieb. Aber es strapazierte den Geduldsfaden.

Heutzutage wird die VÖ einer neuen Platte wochen- oder monatelang vorangekündigt und das Interesse der Fans mit viel Wellenschlag in Presse, Funk, Fernsehen, Streamingdiensten und sozialen Medien angeheizt. Sekundenlange Schnipsel erscheinen auf TikTok, bei Musik-Influencern auf YouTube und anderswo, die Platte wird vorab in Ausschnitten im Radio gesendet und von der Presse besprochen, eine Single wird angekündigt, die aber auch erst Wochen später veröffentlicht wird, die Stars werden durch alle möglichen Fernsehshows und Onlineportale gejagt.

Ist das Werk dann aber zum angekündigten Zeitpunkt endlich draußen, fällt innerhalb weniger Tage das ganze Kartenhaus in sich zusammen. Das Album ist nirgendwo mehr ein Thema, es versinkt in der Musikflut der Streamingdienste, es schießt kurz in den Charts nach oben, steigt aber auch ebenso schnell wieder ab. Bei Spotify und Co. werden die Stücke des Albums einzeln gelistet, und so kann es passieren, dass eine Taylor Swift mal eben die ersten 10 Ränge der Singles-Charts belegt, obwohl alle Fans natürlich in Wirklichkeit einfach das Album gehört haben. Überdies quatschen sich die Fans nur noch kurz und mehr oder weniger begeistert in der Social-Media-Welt aus, aber dann ist das Thema passé. Man wartet bereits auf die nächste Sensation, die natürlich schon vorangekündigt ist.

Ich habe schon seit einiger Zeit das Gefühl, dass uns in dem niemals mehr abreißenden Strom der Musik irgendwann die Fähigkeit zum Zuhören abhandengekommen ist. In den 1970ern (auch noch den 80ern und bis in die 90er hinein) war das anders. Das soll nun keinesfalls heißen, dass „früher alles besser" gewesen wäre – auch damals waren 90 Prozent aller Veröffentlichungen Schrott, nur sind die längst vergessen, und wir haben nur noch die Highlights in Erinnerung. Aber das Aufmerksamkeitsbudget konnte damals anders verteilt werden. Es gab kein Web, wollte man die Musik zu Hause haben, war man auf physische Tonträger angewiesen, und man wurde von ihrem Erscheinen meist überrascht. Und weil Platten und bespielte Cassetten teuer waren, wurde der Kauf sorgsam überlegt. Erst dann, wenn man die Scheibe schließlich hatte, dann begann die eigentliche Diskussion im sozialen Umfeld. Die Platte wurde monatelang immer wieder gehört (man hatte ja nicht so viele), sie wurde zwecks Überspielung auf Cassette im Klassenzimmer oder am Arbeitsplatz herumgereicht, im Freundeskreis gemeinsam gehört und winzigste Details registriert. Erst jetzt erschienen die Musikerinterviews in den

Musikzeitschriften, erst jetzt hatten die Bands ihre Gastauftritte im Fernsehen. Kurzum: Die Wirkung einer neuen Platte reichte zeitlich und inhaltlich sehr viel weiter als heute.

Schon allein deshalb erfuhr ein Album wie *Autobahn* in den 1970ern eine deutlich größere Aufmerksamkeit als das heute der Fall wäre.

## ELEKTRONIK

Auch vor *Autobahn* gab es bereits den einen oder anderen elektronischen Hit: An „Telstar" von The Tornados (1962) sei erinnert, dessen Melodieinstrument ein *Clavioline* war, ein batteriebetriebenes Zusatzmanual für elektroakustische Orgeln, das Bläser- und Streicherklänge imitieren sollte, in der Realität aber einfach nur schräg klang. Der seltsame Sound und die eingängige Melodie machten „Telstar" zu einem der größten Instrumentalhits der Popgeschichte. Das Instrument taucht auch in Del Shannons Brill-Building-Klassiker „Runaway" (1961) auf. Als Beispiel für frühen Elektronikeinsatz kann man auch an den vibrierenden Sinusklang des *Theremins* in diversen Filmmusiken erinnern, etwa in Bernard Herrmanns Musik zu *The Day The Earth Stood Still* (1951). Ungewöhnliche elektronische Klänge waren stets eine willkommene Akustik-Kulisse für billige Horrorfilme der 1950er Jahre; man denke insbesondere an die in jeder Hinsicht schauerlichen Filme des Regisseurs Jack Arnold (aber zum Liebhaben sind sie ja doch, seien wir ehrlich). Das berührungslos gespielte

Instrument ist extrem schwer in den Griff zu bekommen. Auf der Bühne beweist unter anderem Jean-Michel Jarre regelmäßig, dass man besser die Finger davon lässt, wenn man nicht Lydia Kavina heißt. Übrigens, das immer wieder genannte Theremin bei den BEACH BOYS war leider gar keines – bei ihnen hören wir ein *Tannerin* oder auch Electro- oder Slide-Theremin genanntes Instrument mit Tastatur und einer Art Schieberegler, mit dem man stufenlos und ziemlich treffsicher über den gesamten Tonbereich gleiten konnte.[2] Auch die Werbung wusste elektronische Sounds schon früh einzusetzen; die amerikanische Musikerin Suzanne Ciani spielte zwischen 1969 und 1985 etliche populär gewordene Werbemusiken mit *Buchla-Synthesizern* ein, unter anderem für Coca-Cola, aber auch für einen Geschirrspüler und etliche andere Produkte. In bekannten Elektronikhits der 1970er setzte man bereits *Moog-Synthesizer* ein, etwa in „Pop Corn“ von dem Komponisten Gershon Kingsley[3] und HOT BUTTER (1972), oder in der selbstbetitelten Single von DAN THE BANJO MAN (alias Phil Cordell, 1973).

Dies alles waren Platten und Musiken, die zwar ungewohnte Klänge boten, aber sie waren nicht dazu angetan, die Elektronik als eigenständiges Medium im Gedächtnis der Hörer zu verankern.

Eher schon gelang dies dem Tastendompteur Keith Emerson mit seinem Trio EMERSON, LAKE & PALMER. Mit „Lucky Man“ (1970) hatten die drei einen internationalen Hit, und dass darin ein Moog zu hören war, wurde massiv in der Promotion sowohl der Platte wie der Band betont – plus natürlich die Live-Auftritte, bei denen Emerson

Messer in die Tastatur klemmte und auch sonst wild an dem Instrument herumhexte. Schon Emerson wusste, was später auch TANGERINE DREAM, Klaus Schulze und andere entdeckten: Die altarähnliche Aufstellung des großen Moog und der Keyboards auf der Bühne beeindruckte das Publikum (vorrangig wohl das männliche), besonders in Verbindung mit halbdunkler Beleuchtung, die die blinkenden Kontrolllichter hervortreten ließ, und den Musikern, die zeitweilig mit dem Rücken zum Publikum saßen – man hätte sich nicht gewundert, wenn sie in weißen Laborkitteln aufgetreten wären. Dazu kam nicht zuletzt die erdbebenartige Lautstärke, die zumindest bei TANGERINE DREAM schon früh zur Show gehörte.

Dies alles kann man ohne weiteres auf andere Bands und Musiker übertragen, insbesondere auf jene der „Berliner Schule“ – AGITATION FREE, ASH RA TEMPEL, Manuel Göttsching, Michael Hoenig, MYTHOS, und natürlich Klaus Schulze. KRAFTWERK war da um diese Zeit, was das Erscheinungsbild auf der Bühne betraf, noch um einiges einfacher unterwegs.

## KRAUT & TECHNOLOGIE

Die Plattenfirmen begannen um 1971 damit, die Pflänzchen aus dem heimischen Garten wahrzunehmen, bis dann um 1973 und 1974 herum die Krautrock-Welle einen (relativen) Höhepunkt erreichte. Wobei „Welle“ recht hoch gegriffen ist, denn davon, dass sich die Deutschen im Krautrock-Fieber befunden hätten, war man weit entfernt.

Ein Teil dieser interessanten Pflänzchen allerdings arbeitete mit Mitteln, die auf breiter Front Stirnrunzeln auslösten. Mit neuen Technologien nämlich hatte so mancher in Deutschland nicht viel am Hut. Deutschland war großartig in den Technologien des 19. Jahrhunderts; die Hochöfen und Dieselloks arbeiteten vorbildlich, auch auf die Autoindustrie bildete man sich einiges ein und dachte wohl, das werde für immer reichen.

Ging es aber darum, neue Technologien zu akzeptieren, zu nutzen und sich ihre neuartige Ästhetik zu eigen zu machen, dann sah man in aller Regel zunächst eventuelle Risiken und reagierte vorsichtshalber erstmal mit Angst und Ablehnung. Und so waren es meist die Künstler, die sich kreativer damit auseinandersetzten. Im Rest der Gesellschaft verhielt man sich (und tut es noch immer) eher zögerlich.

Der Technikskeptizismus umfasste auch die Musikelektronik. Bei der künstlerischen Anwendung elektronischer Mittel kam auf Seiten der Hörer/Zuschauer ein Missverstehen des Sachverhaltes hinzu, das meist auf Uninformiertheit beruhte. Selbst eine Band wie ROXY MUSIC stieß in Deutschland zunächst auf Ablehnung, nicht nur, weil man ihren Humor nicht verstand, sondern auch einfach, weil Brian Eno einen Synthesizer mit auf die Bühne brachte – dieser Elektronikkram sei doch keine Rockmusik mehr, so hörte man vielfach. In der Radiosendung „Hit oder Niete“ (der deutschen Version der britischen „Juke Box Jury“) wurde ROXY MUSICS erste Single „Virginia Plain“ denn auch prompt von den Hörern zur Niete gestempelt, und die erste Deutschlandtournee der Gruppe wurde ein Reinfall.

Synthesizern wurde unterstellt, sie würden „automatisch“ spielen; Musiker, die sich mit Synthesizern beschäftigten, wurden nicht als Musiker betrachtet, sondern als Knöpfchendrücker, die gar keine wirkliche Musik machen könnten, und auch hier kam natürlich sofort das Arbeitsplatzargument ins Spiel. Die Gewerkschaften (in diesem Fall nicht nur die deutschen, sondern auch und gerade die englischen und US-amerikanischen) argumentierten, mit Synthesizern könnten Musiker und sogar ganze Orchester wegrationalisiert werden, weshalb sie zu bekämpfen seien. Trat in den USA eine Band mit einem Synthesizer auf, mussten vier oder fünf Musiker extra angeheuert werden, die dann voll bezahlt in der Garderobe saßen und Karten spielten. Dass der Witz von Werken wie etwa jener von TANGERINE DREAM oder Klaus Schulze – oder eben „Autobahn“ – *gerade* auf Klangfarben beruht, die das herkömmliche Orchester überhaupt nicht erzeugen kann, das ging lange nicht in die gewerkschaftlichen Köpfe.

Sehr schnell kam es zu einer Blockbildung: Bist du für Synthesizer oder dagegen? Aber nicht nur die Elektronik im Allgemeinen war umstritten, sondern selbst innerhalb der nicht sehr großen, immerhin aber doch existierenden Gruppe der Elektronik-Fans drifteten die Einstellungen in mehrere Richtungen auseinander.

## ABFLUG IN DEN KOSMOS

Der Münchner Komponist und Dirigent Eberhard Schoener besaß als Erster in Deutschland einen modularen Moog-Synthesizer (den IIIp, um genau zu sein – p für „portable“, was allerdings bereits einen Kleinlaster erforderte[4]). Mit Leuten wie dem DEEP-PURPLE-Keyboarder Jon Lord (Live-Aufführung und Album *Windows*, 1974) oder den drei Musikern, die später THE POLICE wurden, hatte Schoener einige wegweisende Platten vorgelegt, die keine Popmusik waren, die aber andere Musiker und Produzenten neugierig machten. Giorgio Moroder war einer von ihnen; er entdeckte, dass man mit dem Moog auch Schlager klanglich interessant gestalten konnte. Aber durch Schoeners Platten und Konzerte wurde die Musikelektronik auch bei Teilen der deutschen Rockmusiker zu einem Thema.

Daraus resultierte in den frühen 1970ern ein Phänomen namens „Kosmische Musik“, auf englischen Fanpages oft kurz und falsch als „Kosmiche“ bezeichnet. TANGERINE DREAMS Edgar Froese hatte zum Album *Alpha Centauri* (1971) ein leicht verschwurbeltes Statement abgegeben: „Die Bezeichnung ‚kosmisch‘ steht für die maximale Vorstellung der räumlichen Ausdruckskraft eines Tones. Wir beziehen unsere Inspirationen tatsächlich aus dem Kosmos. Wir wollen versuchen, mit dieser so genannten ‚Kosmischen Musik‘ Vorgänge hörbar zu machen, die am Rande der wahrscheinlichen Vorstellungskraft des Menschen liegen.“[5] Nennen wir das mal „humorfrei“. Oder vielleicht auch gerade nicht. Wie dem auch sei, Froese sah sich als knorrige Eiche, die sich mit Kant und Nietzsche dem alles zerzausenden Plattsinn der Welt entgegenstellte, und irgendwie konnte er das auch optisch glaubwürdig vermitteln.

Plakativ war der Begriff „Kosmische Musik" aber auf jeden Fall, und der Ohr-Labelchef Rolf-Ulrich Kaiser, der immer ein Gespür für griffige Slogans hatte, nahm ihn sofort auf, perpetuierte ihn in seinen Pressemeldungen und gründete schließlich sogar ein Label namens „Kosmische Kuriere" – denn genau als ein solcher fühlte er sich, allerdings schoss er dabei mehr Timothy Leary als Edwin Hubble in die mediale Umlaufbahn.[6]

Die Musikpresse sprang sofort auf dieses Stichwort an, der Kosmos wurde alsbald allgegenwärtig in der deutschen Rockmusik. Der Radiojournalist Winfrid Trenkler, der sich in seiner WDR-Sendung „Schwingungen" wie kaum ein Zweiter für die neuen elektronischen Klänge einsetzte, schrieb in „Sounds" über das Album *II* des Duos CLUSTER, es erscheine „wie Einblendungen in kosmische Fahrten", man durchquere „Atmosphären, Strahlungsbereiche", gerate „in die Anziehungskraft gewaltiger Sonnen und Planeten", und man fange „Impulse auf, die in Jahrhunderte dauernder Monotonie durch den Weltraum jagen."[7] Dabei, das ist das eigentlich Bemerkenswerte, legt die Platte selbst diese Weltraumassoziationen gar nicht nahe. Sie bietet einfach überwiegend elektronisch erzeugte bzw. manipulierte Klanglandschaften mit Phantasietiteln wie „Nabitte", „Im Süden" oder „Für die Katz", ohne eine konkrete Deutung mitzuliefern. Es war offenkundig die Elektronik selbst, die Trenkler diese Assoziation eingab: Die Klänge waren fremd, unkonkret, in gewisser Weise unirdisch, und sie kamen aus seltsamen Geräten mit vielen Knöpfen, so dass sich der Weltraum aufdrängte.

Auch andere Zeitschriften und Journalisten stiegen umgehend auf den Slang ein, er wurde schnell zu einer Art Genrebezeichnung. Damit war der Begriff „Kosmische Musik“ etabliert.

Natürlich hatten auch englische und amerikanische Rockmusiker den Synthesizer, das Mellotron und die zunehmend auf den Markt kommenden elektronischen Effektgeräte (Hall, Delay, Echo, Phasing, Flanging etc.) entdeckt, früher sogar als die deutschen Musiker, und es ist kein Geheimnis, dass Studiotechnik und musikalischer Ausdruck gerade in der Pop- und Rockmusik immer schon eine enge Verbindung eingegangen sind. Schon in der elektronischen Musik Kölner Herkunft war es üblich, zur Klangerzeugung oder -veränderung Geräte einzusetzen, die aus der Mess- und Regeltechnik kamen und deren Zweck eigentlich ein anderer war. In der Rockmusik war es nicht anders: Wenn es im Musikalienhandel oder in den Studios neues Spielzeug gab, dann waren Musiker die ersten, die sofort ausprobierten, was man damit über den offensichtlichen Zweck hinaus sonst noch anstellen konnte. So wurden dann buchstäblich alle Regler auf 11 gestellt, um einfach mal zu hören, was wohl dabei herauskäme, und so entstanden Ergebnisse, die vom Hersteller nicht vorgesehen, aber interessant waren. Und oft – besonders bei Platten aus den 1970er und 1980er Jahren – kann man noch heute von der Verwendung bestimmter Effekte ohne Schwierigkeiten auf das Jahr der Einspielung schließen.

Aber es gab einen Unterschied. Die englischen und amerikanischen Musiker gingen anders mit diesen Mitteln um als die deutschen, insbesondere betraf das den Synthesizer. Erste Einsätze eines Synthesizers in der US-Popmusik kamen von THE MONKEES (*Pisces, Aquarius, Capricorn and Jones Ltd.*, 1967) und THE BYRDS (*The Notorious Byrd Brothers*, 1968), auch Stevie Wonder nutzte (mit Hilfe von Robert Margouleff von TONTO'S EXPANDING HEAD BAND) die Möglichkeiten des Arp-Synthesizers und des großen Moogs schon 1972 (*Music of My Mind*). Der Witz war aber immer, dass die Musiker und Produzenten die neuen Klangmöglichkeiten in die schon existierenden *einbezogen*. Sie integrierten die Elektronik ins klassische Rock- und Pop-Instrumentarium, veränderten dadurch zwar die klangliche Struktur der Rock- und Popmusik, aber in ihrem Wesensgehalt blieb die Musik dieselbe. Wenn Pete Townshend auf dem WHO-Album *Who's Next* (1971) in „Won't Get Fooled Again" eine Reihe von Orgelakkorden durch den VCS-3-Synthesizer jagte, fügte er zwar eine neue Klangdimension hinzu, aber das Grundkonzept von THE WHO änderte er dadurch nicht.

Anders die deutschen Bands. TANGERINE DREAM, die bis dahin mit klassischem Rock-Instrumentarium als relativ normale Psychedelic-Rockgruppe unterwegs gewesen waren, kamen 1970 auf dem Album *Electronic Meditation* mit Hilfe des Schweizer Komponisten und Leiters des Berliner Beat-Studios, Thomas Kessler, auf den Gedanken, elektronische Geräte in den Mittelpunkt zu stellen – Oszillatoren, Filter etc.; Geräte also, die man eher aus „klassischen" Experimentalstudios wie etwa dem „Studio für Elektronische Musik des WDR" kannte. Mehr als das war es damals noch nicht, aber die eigentlich nur als Demo gemeinten

Aufnahmen mit diesem Gerätepark fielen dem Labelbetreiber Rolf-Ulrich Kaiser in die Hände, der entschied: Das muss veröffentlicht werden. Das verdichtete sich auf *Alpha Centauri* (1971), auf dem Album *Zeit* von 1972 wirkte als Gast Florian Fricke (von POPOL VUH) mit, der einen Modul-Moog (den zweiten in Deutschland) besaß. Damit war für Edgar Froese die Sache klar: „Er hat ganz andere Musik damit produziert, nicht Sequenzer-orientiert, sondern eher Layers, Schichtungen, lange Melodien. Das hat uns natürlich interessiert, und es hat uns noch mehr interessiert, als wir dann sahen, was mit der ganzen Kiste möglich wäre."[8] TANGERINE DREAM beschafften sich deshalb einen eigenen Moog-Synthesizer: Dieser hatte ursprünglich Mick Jagger gehört, der damit aber nicht klarkam und ihn auf dem MIDEM-Musikfestival 1972 an den Berliner Musikproduzenten Peter Meisel (Hansa-Musikproduktion und -studio) verkauft hatte. Meisel wollte ihn eigentlich für Schlagerproduktionen nutzen, aber in der praktischen Anwendung im Hansa-Studio merkte man schnell, dass dieses Instrument nur schwer zu bandigen war. So holte man den TANGERINE-DREAM-Schlagzeuger Christopher Franke als Berater ins Studio, von dem man wusste, dass er bei Eberhard Schoener dessen Moog kennengelernt hatte und obendrein selbst einen EMS-Synthesizer (das Koffergerät) besaß. 1973 gab man bei Hansa den Versuch auf, den Moog einzusetzen, und verkaufte ihn für 15.000 Dollar an Franke. Dieser hatte das Geld von einem Vorschuss der englischen Plattenfirma Virgin, zu der TANGERINE DREAM inzwischen gewechselt war, weil sie sich von deutschen Plattenfirmen nicht ernstgenommen fühlten. In England, im Virgin-eigenen Manor-Studio, hatte die Gruppe 1974 viel Zeit, mit eben diesem Synthesizer, einem Mellotron und elektronischen Orgeln das Album *Phaedra* einzuspielen. Dabei wussten Froese, Franke und Baumann zunächst selbst nicht so genau, was sie eigentlich spielen wollten, aber die tagelange intensive Beschäftigung mit dem Sequenzer, der zu dem Synthesizer gehörte, ließ sie plötzlich genau jenen auf kurzen Sequenzen basierenden Stil und Sound finden, für den TANGERINE DREAM dann berühmt wurde.

Und das war nun wirklich eine Innovation: Die Gruppe verkaufte ihr gesamtes klassisches Rock-Instrumentarium (mit Ausnahme von Froeses Gitarre) und stellte ausschließlich den Moog, ein Mellotron und noch einige andere elektronische Instrumente in den Mittelpunkt. Sie kaufte weitere große Moogs, unter anderem von den MOODY BLUES, und besaß am Ende vier solche Instrumente. Das hat in dieser Radikalität und Konsequenz keine englische und keine amerikanische Band gemacht, und das ist auch der Unterschied zwischen den englischen und amerikanischen und den deutschen Musikern.

Ein Album wie *Phaedra* hatte es bis dahin einfach nicht gegeben. Das war eine elektronische Platte, die nicht streng und mathematisch durchkalkuliert war wie die hochfliegend intellektuellen elektronischen Musiken etwa der „Kölner Schule“, wie sie im Umkreis des Komponisten Karlheinz Stockhausen entstanden waren. Aber es war eben auch keine leichtverdauliche Kost wie etwa „Pop Corn“. *Phaedra* war Musik, die sich deutlich auf das geistige Fundament der Rockmusik bezog, ohne unmittelbar selbst Rockmusik zu sein. Intellektuell allerdings war sie dennoch: Ähnlich wie auch schon CLUSTER macht die Musik keine Vorgaben, wie sie zu hören sei, sie ist abstrakt, Klangmalerei, die jeder mit eigenen Vorstellungen füllen kann. „Die Leute denken, wir machen die Musik. Das ist nicht richtig. Der Zuhörer macht die Musik in seinem eigenen Kopf, wenn er uns zuhört“[9], sagte Edgar Froese über die Musik TANGERINE DREAMS.

Ab 1976 mischte sich auch ein Musiker aus Frankreich ein: Jean-Michel Jarre. Sein Album *Oxygene* hatte er im Jahr zuvor in seiner Küche auf einer 8-Spur-Maschine aufgenommen und später im Studio klanglich verfeinert. Er war der wohl Erste, dem es gelang, vollelektronische *Unterhaltungsmusik* zu machen, die ein ganzes Album füllte und tatsächlich populär wurde. Seine Musik kam ohne Kosmos und ohne beinharte philosophische Hintergrundstrahlung aus; er nahm Klänge nach Berliner Vorbild und fügte zweckfrei-verspieltes Geblubber und zickige Tanzrhythmen hinzu. Jarre war 1969, noch als Student, der „Groupe de Recherches Musicales“ beigetreten, die sich unter der Leitung von Altmeister Pierre Schaeffer mit den Möglichkeiten der *Musique concrète* beschäftigte. Jarre hat dort eine Menge gelernt, wie man immer wieder an der Integration konkreter Klänge in seinen Werken feststellen kann – man denke etwa an die Eisenbahngeräusche auf *Le Chants Magnétiques* (1981), an die Umweltklänge in „Souvenir de Chine“ (1982) oder die diversen Samples auf *Zoolook* (1984).

Jarre erreichte recht schnell ein Publikum (vielleicht kann man sogar sagen, dass er es aufbaute), das sich für diese verspielten, inoffensiven, elektronischen Klänge erwärmen konnte, das aber an den Platten der Berliner Schule mit ihrem Ernst und den gelegentlich eingebauten wilden Ausbrüchen nicht interessiert war.

Aber die Musikelektronik ging noch einen anderen Weg – und zwar in Gestalt der Gruppe KRAFTWERK.

# AUFFAHRT

Wer KRAFTWERK nicht genau kennt und heute im Laden durch die KRAFTWERK-LPs oder -CDs blättert, das *Katalog*-Boxset (2009) öffnet oder den bevorzugten Streaming-Anbieter aufruft, könnte *Autobahn* für ihr erstes Album halten. Tatsächlich aber war es bereits das vierte, das unter dem Namen KRAFTWERK erschien, und es hätte – so behaupte ich wenigstens – ohne seine Vorgänger so gar nicht entstehen können.

KRAFTWERK ist das gemeinsame Projekt zweier in Düsseldorf arbeitender Musiker, Ralf Hütter (geb. 1946 in Krefeld als Sohn eines Textilunternehmers) und Florian Schneider-Esleben (geb. 1947 in Öhningen bei Konstanz als Sohn des Architekten Paul Schneider-Esleben). Musikalische Prä-KRAFTWERK-Erfahrungen brachten beide ein. Ihre ersten drei LPs unter dem Namen KRAFTWERK erschienen 1970, 1971 und 1973, wurden bis 1980 gelegentlich noch nachgepresst, danach sind sie vom offiziellen Markt verschwunden. Sie haben es nie auf eine CD oder in eine Streaming-Plattform geschafft, geschweige denn, dass sie remastered worden wären. Warum nicht? Der Düsseldorfer RHEINGOLD-Musiker Bodo Staiger sagt: „Florian [Schneider-Esleben] bezeichnete die vorangegangenen Alben später nur noch als Nullnummern.“[10]

Das ist ein bisschen flapsig formuliert, denn „Nullnummer" bedeutet ja nicht „inhaltslos". Der Begriff stammt aus der Pressewirtschaft: Mit Nullnummern wird eine neue Zeitschrift getestet, bis sie ihre endgültige Form und Gestaltung gefunden hat. Erst, wenn beides zur Zufriedenheit der Blattmacher ausfällt, wird die offiziell erste Ausgabe an die Kioske geliefert. Und so sieht Florian Schneider-Esleben in vergleichbarer Weise offenbar die ersten drei KRAFTWERK-LPs.

Wahr ist immerhin, dass sich diese erste Phase der Gruppe von den späteren Werken (ab *Trans Europa Express*) hörbar unterscheidet. Aber von Anfang an lässt sich auch eine deutlich wahrnehmbare Folgerichtigkeit der Entwicklung beobachten, insofern war es für KRAFTWERK wichtig, diese Platten gemacht zu haben. Ich denke zudem nach wie vor, dass sie wichtige Bausteine in der Geschichte deutscher Rockmusik waren und deshalb auch heute regulär erhältlich sein sollten. Ralf Hütter hat bereits vor etlichen Jahren in einem Interview seine Absicht angekündigt, die drei Alben als Remasters im Boxset zu veröffentlichen, mit zusätzlichen Grafiken und Fotos, aber bislang ist es bei der Ankündigung geblieben.

## ORGANISATION

An den Fundamenten des späteren KRAFTWERKS bauten etliche Musiker mit; Eberhard Kranemann, Hans Günther „Charly" Weiss, Houschäng Néjadepour, Plato Kostic (auch bekannt als Plato Rivera) und Andreas Hohmann seien genannt. Noch vor KRAFTWERK gab es eine „Organisation zur Verwirklichung gemeinsamer Musikkonzepte" – niemand weiß, ob das ernsthaft der Name des Projektes war, aber möglich ist alles; auch Film- oder Serientitel hatten damals oft die Tendenz, in die Breite zu wuchern. Diese ORGANISATION jedenfalls bestand aus Basil Hammoudi, Butch Hauf, Alfred Mönicks, Ralf Hütter und Florian Schneider-Esleben. Ganz schlecht kann sie nicht gewesen sein, denn immerhin jammte sie gelegentlich mit CAN. Holger Czukay: „In den Anfangstagen von CAN waren KRAFTWERK ein paar Mal bei uns im Studio. Irgendwann standen die da plötzlich einfach rum und machten mit, aber ohne sich aufzudrängen. Solange sich jemand nicht in den Vordergrund spielen wollte, waren wir in dieser Frühzeit allen Mitspielern gegenüber offen. Und die waren zurückhaltend. Da hießen sie allerdings noch gar nicht KRAFTWERK, sondern ORGANISATION. Danach sagte Michael [Karoli] zu mir: ‚Ich glaube, von denen werden wir noch hören.'"[11]

In der Szene um die Düsseldorfer Kunstakademie kannte jeder jeden. Es ist deshalb heute nicht mehr exakt zu klären, wie der Kontakt zwischen ORGANISATION und dem Produzenten und Toningenieur Konrad „Conny" Plank zustande gekommen ist. Auf irgendwelchen Pfaden aber gelangten Demobänder in seine Hände. Plank, damals noch ohne eigenes Studio, hielt die Gruppe für vielversprechend und nahm sie als Produzent unter seine Fittiche. Er arbeitete als eine Art Volontär im Kölner Rhenus-Studio, dessen Boss ihm den nötigen Feinschliff angedeihen ließ: „Ich hatte einen guten Techniklehrer, der mir vorgekutscht hat, wie es geht. Das war der Wolfgang Hirschmann, der so ein richtiges altes Toningenieurs-Ass ist. Der richtig gut Sound machen kann. Der hatte schon mit Marlene Dietrich gearbeitet. Von dem habe ich sehr viel gelernt."[12] In diesem Studio, das sich in den Räumen einer stillgelegten Ölraffinerie niedergelassen hatte und sonst hauptsächlich Schlager produzierte, nahm Conny mit den ORGANISATION-Musikern nachts eine Kollektion von professionell klingenden Demos auf. In Hamburg hatte Conny in verschiedenen Studios als freier Toningenieur gearbeitet und gemeinsam mit dem Sänger und humorigen Radiomoderator Wilken F. Dincklage (bekannt als „Willem") einen Musikverlag namens „Krautverlag" und ein Label namens „Aamok" betrieben. Damit konnte er wertvolle Kontakte innerhalb der Musikindustrie aufbauen, und so gelang ihm das Kunststück, diese Demos beim englischen RCA-Label unterzubringen. RCA veröffentlichte sie Anfang 1970 als *Tone Float* unter dem verkürzten Bandnamen ORGANISATION – den ursprünglichen Langnamen, wenn er denn überhaupt existierte, hätte in England niemand verstanden, und in Deutschland erschien das Album ohnehin nie. Ich kann mich daran erinnern, dass mir diese LP bei meinem ersten London-Aufenthalt im Jahr 1972 in einem Plattenladen auffiel. Als taschengeldabhängiger Schüler konnte ich sie mir allerdings nicht leisten, und ehrlich gesagt: Ich hatte von der Platte zwar gehört, aber ich sah keinen Grund, sie wichtig zu finden. Man konnte ja nicht ahnen, was aus dieser Kapelle einmal werden würde, und zugegeben, das Krautrock-Genre hat schlechtere Platten hervorgebracht als *Tone Float*, aber ein großer Wurf war sie nicht. Es gab darin musikalisch nichts wirklich „Typisches", keinen nennenswerten Wiedererkennungseffekt, nichts, das einen Hörer hätte denken lassen können: „Ja, das ist ORGANISATION. Niemand außer denen könnte das spielen." Das eher amateurhaft aussehende Coverbild tat ein Übriges.

Und doch war *Tone Float* – wie das Kapitel ORGANISATION überhaupt – eine wichtige Stufe für Ralf Hütter und Florian Schneider-Esleben. Zu diesem Zeitpunkt wussten die beiden sicherlich selbst noch nicht genau, wohin sie wollten, aber dass *Tone Float* sie nicht dorthin führen würde, das dürften sie wohl schon geahnt haben. ORGANISATION bewegte sich mit diversen anderen Bands irgendwo in dem weiten Feld, das heute unter „Krautrock" geht – einerseits angelehnt an den damals angesagten Fusion-Jazzrock, andererseits sich orientierend an den stilprägenden progressiven Bands aus der Canterbury-Ecke, etwa SOFT MACHINE oder HATFIELD & THE NORTH. Vom Spielfeldrand grüßt gelegentlich auch PINK FLOYD, wenngleich die psychedelische Seite des frühen Krautrocks (etwa AMON DÜÜL oder GURU GURU) in dieser Formation keine nennenswerte Rolle spielte. Dabei sollte festgehalten werden, dass eigentlich gerade Jazzrock und Artverwandtes zu den Stärken deutscher Bands zählte – man denke etwa an AERA, DAVE PIKE SET, KRAAN, Volker Kriegel, MISSUS BEASTLY, PASSPORT und noch einige mehr. Aber in der gleichen Qualität wie ihre englischen und amerikanischen Kollegen haben das nur die wenigsten deutschen Rockmusiker hinbekommen. Meist klang das alles ein wenig hölzern, es haperte am Groove, es fehlte, wie Miles Davis es nannte, „this little thing"[13] – was er damit meinte, ist eine musikalische Qualität, die man ähnlich wie Swing nicht wirklich erlernen kann, sondern mit der man aufgewachsen sein muss. Der TANGERINE-DREAM-Boss Edgar Froese hat das hart, aber treffend so umschrieben: „Unsere Unfähigkeit, mit der gleichen Intensität und vor allen Dingen mit dem gleichen musikalischen Feeling, bis hin zum Groove, bis hin zur Spieltechnik, das zu tun, was Amerikaner und Engländer schon seit Jahrzehnten getan haben: Ich denke mal, in aller Arroganz sagen zu können, das haben deutsche Musiker bis heute nicht gelernt. Zumindest, und das muss man dazu sagen, nicht im Ensemble. Ich kenne keine Band, die, sagen wir mal, so groovt, wie das in irgendeinem New Yorker Rockschuppen ganz normal ist. Weil einfach Hörgewohnheiten, Traditionen, aber auch der Fleiß, die viele Arbeit, die dahintersteht, hier eigentlich nicht so verbreitet sind."[14] Das wirft natürlich die Frage auf, weshalb denn deutsche Musiker überhaupt wie englische oder amerikanische klingen sollten oder warum der Nationalität von Musikern eine Rolle beigelegt wird, aber das ist ein anderes Thema – das allerdings wieder auftauchen wird.

ORGANISATION jedenfalls versuchte sich ziemlich stelzbeinig in diesem Feld, und so sollte sich niemand darüber wundern, dass bei einem ORGANISATION-Testkonzert in Berlin angeblich sogar Gurken und Tomaten auf die Bühne flogen.[15]

Wie auch immer: Es ist wert, Froeses Einschätzung deutscher Bands im Kopf zu behalten. Genau aus diesem beschriebenen Unvermögen resultierte eine Lücke, in die KRAFTWERK und einige andere Gruppen später einstiegen, indem sie elektronische Instrumente in den Mittelpunkt stellten und auf ihnen eine Spielweise entwickelten, die von den britischen und amerikanischen Kollegen so nicht zu hören war.

## KRAFTWERK

Kurz nach dem Erscheinen von *Tone Float* wechselte die Gruppe ihren Namen. Es kursieren verschiedene Histörchen, wie der Name Kraftwerk zustande gekommen sein könnte; am besten gefällt mir jene Variante, derzufolge Ralf Hütter und Florian Schneider-Esleben während eines Trips durch die DDR mit den Namen ostdeutscher Fußballvereine herumalberten, die solche Hochspannungs- oder Volldampfnamen wie „Dynamo Dresden", „Vorwärts Berlin", „Energie Cottbus" oder „Lokomotive Leipzig" trugen. In diesem Kontext muss einem der beiden wohl „Kraftwerk Erfurt" oder etwas Ähnliches eingefallen sein[16] – diese Idee blieb hängen, und zugegeben: Einen markanteren Namen als „Kraftwerk" hätte sich auch eine Werbeagentur kaum ausdenken können.

Die gelegentlich zu hörende Erklärung, die Band heiße Kraftwerk, weil sie sich von den angeblich in Deutschland üblichen „Kraftwerk"-Hinweisschildern an Straßen zusätzliche Werbung versprochen habe[17], erscheint dagegen hergesucht. Man sieht zwar am Straßenrand gelegentlich Wegweiser, die Lieferanten den Zufahrtsweg ins lokale Industriegebiet etc. zeigen. Darunter mögen auch schon mal Hinweise auf ein Kraftwerk sein, aber ich wüsste im Ernst nicht, wie von solchen Schildern ein Werbeeffekt ausgehen sollte, der zum Kauf einer Platte anregen könnte.

Folklore ist das alles sowieso, aber auch die gehört zum Image einer Band.

## KRAFTWERK, DIE ERSTE

Eberhard Kranemann, Student an der Kunstakademie sowie Bassist und Hawaii-Gitarrist, betrieb ein mehr oder weniger Free-Jazz-orientiertes Projekt namens PISSOFF, mit dem Florian Schneider-Esleben seit 1967 gelegentlich spielte, umgekehrt gehörte Kranemann in der Frühzeit von KRAFTWERK zum Zirkel der regelmäßigen Mitwirkenden. Dass aber Hütter und Schneider-Esleben, die sich bei einem Improvisationskurs an der Akademie Remscheid kennengelernt hatten, schon zu diesem Zeitpunkt andere musikalische Zukunftsvorstellungen gehabt haben müssen, lässt sich indirekt an einem Statement Kranemanns ablesen: „Wir spielten jeden Tag zusammen, sogar an Wochenenden. Dann sagten sie plötzlich: ‚Dieses Wochenende spielen wir nicht zusammen, wir treffen uns am Montag wieder.' Später fand ich heraus, dass sie im Studio waren, um das erste KRAFTWERK-Album zu machen, ohne mich, nur die beiden."[18]

Dieses erste, selbstbetitelte Album KRAFTWERKS – das mit dem roten Pylon – wurde wiederum von Conny Plank produziert, und man darf sagen: Das hört man der Platte noch heute an. Auch ohne eigenes Studio gehörte er schon damals zu den Besten seines Faches. „Sounds" schrieb, die Band habe sich gegenüber *Tone Float* „gewaltig verändert und verbessert. Mit weniger Musikern wird heute ein höherer Grad an Wirkung erzielt als früher. ... KRAFTWERK verbindet die Raffinesse zeitgenössisch-elektronischer Musik mit der Dynamik der Rockmusik – eine gelungene Kombination von Intellekt und Emotion."[19] Rowohlts „Rock-Lexikon" nörgelte dagegen später in herablassendem Ton an dem „zu jener Zeit populären Elektronik-Verschnitt à la PINK FLOYD"[20] herum (wo immer dessen Autor den gehört haben mochte), blieb damit aber weitgehend allein. Ab 1971 war „Ruckzuck" für einige Jahre als Abspannmusik des ZDF-Politmagazins „Kennzeichen D" zu hören; nach einigen Ausgaben der Sendung kannte diese Musik fast jeder, allerdings wusste kaum jemand, von wem sie stammte.[21]

KRAFTWERK war, auf der Platte jedenfalls, zu einem Duo geworden. Federführend hört man auf der LP nur noch Ralf Hütter und Florian Schneider-Esleben, unterstützt allerdings von den Schlagzeugern Andreas Hohmann (in „Ruckzuck" und „Stratovarius") und Klaus Dinger (in „Vom Himmel hoch"). Beide spielen normale, akustische Schlagzeuge, die späteren Elektronikdrums existierten noch nicht.

Überhaupt gibt es auf dem Album keine Elektronik im Sinne dessen, was damals unter „Elektronischer Musik"[22] verstanden wurde; die eingesetzten Instrumente sind verschiedene Orgeln, E-Piano, Geige, Gitarre und ein rares Gerät namens *Tubon*; letzteres ist eine aus Schweden stammende einmanualige Orgel im Bassregister, die man sich an einem Riemen umhängt, der Name leitet sich offenkundig von der Tuba ab. In einem sekundenlangen Ausschnitt aus einem frühen Open-Air-Auftritt KRAFTWERKS sieht man Ralf Hütter kurz auf diesem Unikum spielen.[23] Ich kenne das Instrument ansonsten nur von der Klamauk-Combo THE RAINBOWS: Die B-Seite ihrer Single „Rotkarierte Petersilie" von 1966 ist „Tubon" betitelt, auf der Plattenhülle ist das Ding auch abgebildet. Durchgesetzt hat sich das Instrument nie.

Eine besondere Rolle spielt Florian Schneider-Eslebens Querflöte. Als Sessionmusiker wirkte er an einer Platte Klaus Doldingers mit, was allerdings eine einmalige Ausnahme blieb.[24] Bei KRAFTWERK ließ er das Instrument, das er klassisch studiert hatte, mittels Kontaktmikrofon durch Verzerrer und andere Effektgeräte laufen, was zu verblüffend dynamischen und teils sogar aggressiven Klängen führte. Einen Synthesizer besaß KRAFTWERK damals noch nicht (wie auch ihre Kollegen von CLUSTER und TANGERINE DREAM). Stattdessen setzte man Effektgeräte ein wie Verzerrer, Equalizer, Wah-Wah-Pedale, Leslie-Kabinett, Echogeräte und etliches, was Studiotechnik, Mischpulte und Tonbandmaschinen damals sonst noch hergaben. Damit wurden die konventionell erzeugten Klänge so verändert, dass ihre Quelle nicht mehr ohne weiteres zu erkennen war. Besonders zu erwähnen ist der *Phasing*-Effekt, auch Phasendrehung genannt. Der Effekt war damals recht beliebt, selbst James Last wusste ihn sehr gekonnt einzusetzen[25]. Der schwebend-rotierende Klang entsteht, wenn dem Musiksignal ein im Millisekundenbereich liegendes Echo hinzugefügt wird. Das ließ sich schon damals elektronisch machen, fast jeder Gitarrist hatte ein entsprechendes Effektpedal, doch war es schwierig, die Modulation exakt zu platzieren. Conny Plank, der immer weit mehr machte als nur den Aufnahmeknopf zu drücken, ging anders vor. Hans-Joachim Roedelius (CLUSTER): „Er erfand immer neue Sachen, die später zu Standards geworden sind. Zum

Beispiel bestimmte Phasing-Effekte, die er erzielte, indem er zwei Bänder mit geringer Zeitverzögerung parallel laufen ließ."[26] Das Phasing kam dann dadurch zustande, dass Plank das zweite Band mit der Hand leicht abbremste. Das erfordert großes Feingefühl und die Fähigkeit, buchstäblich in das Musikstück hineinzukriechen, aber auf diese Weise kann man die Modulation des Phasings punktgenau so einsetzen, wie und wo man sie haben will. Die stets der Musik folgende Präzision, mit der das Phasing in „Ruckzuck" platziert ist, lässt den Schluss zu, dass Plank das hier so gemacht hat. Michael Rother erlebte diese Arbeitsweise während der Produktion von „Negativland" auf dem ersten NEU!-Album: „Mit Conny am Pult, da darf man nie vergessen, seinen Anteil zu benennen."[27]

Ich war 14, als ich die erste KRAFTWERK-Platte damals im Schaufenster eines Radio- und Fernsehgeschäftes sah, und, wie man in den USA sagt, „it had my name on it". Ich kannte die Gruppe nicht, aber ich sah dieses LP-Cover, und ohne die Platte gehört zu haben, wusste ich: Die ist für mich. Man sagt zwar immer, man solle den Inhalt nicht nach dem Cover beurteilen, aber ich hatte schon damals ein Faible für bestimmte Formen von Grafik und Typographie, und genau das gab mir den Kaufimpuls. Es war der gezeichnete, fluoreszierend-rote, schwarz konturierte Pylon auf schneeweißem Untergrund, der ein stärkeres Signal aussandte als jedes Foto es gekonnt hätte. Es war auch die Beschriftung; eine Schablonenschrift ähnlich der „Stencil", wie es sie schon in den frühen 1930er Jahren gab. Das Innere des Klappcovers zeigte flächenfüllend das Schwarzweißfoto eines Transformators auf Schienen. Als Fotografen waren „Bernd + Hilla Becher" angegeben, die ich damals natürlich nicht kannte (heute gehören sie zu meinen Favoriten; leider leben beide nicht mehr). Das Bild passte so recht in keine der Typologien, in die das Fotokünstlerpaar seine Fotos einzuordnen pflegte, und so hatte Hilla es Ralf geschenkt[28] – im Umfeld der Düsseldorfer Kunstakademie kannte man sich. Schaut man sich an, welch gewaltiges Werk die Bechers über die Jahrzehnte zusammengetragen und welche Systematik sie dabei durchgehalten haben, dann kann man nicht umhin, die stilistische Treffsicherheit zu registrieren, mit der Hütter in diesem Foto das richtige Motiv für das Innencover erkannte. Das Cover stammt von ihm selbst; offenkundig hat die Gruppe die Gestaltung schon damals nicht einfach der Philips-Marketingabteilung überlassen. Die strenge Gesamtästhetik, die das Album am Ende ausstrahlte, war etwas, das man im hippie-esken 1970 mit seinen knallbunten, wirbelnden und zerlaufenden Schriften und Grafiken selten sah.

Eine LP kostete damals immerhin 22 Mark, für einen 14-jährigen Schüler war das eine echte Investition, auf die man sparen musste, aber zwei Wochen später, mit Hilfe von Tante Inge, hatte ich die Scheibe. Es war meine zweite selbstgekaufte LP überhaupt.[29] Und sie enttäuschte mich nicht. Ich war damals regelmäßiger Hörer der Radiosendung „das neue werk" im NDR (dezidiert kleingeschrieben, wie das damals en vogue war, wenn Modernität signalisiert werden sollte), in der stets neueste Avantgarde vorgestellt wurde, darunter auch viel „Elektronische Musik" meist

Kölner Herkunft. Damit konnte man sich in der Schule gut interessant machen. Aber das, was in dieser Reihe lief, war sehr akademisch, und ich habe keineswegs immer ganz verstanden, was ich da hörte. Ich vermisste einen Bezug zu meiner eigenen akustischen Wahrnehmungswelt. Es war hochintellektuelles, interessantes Ohrenfutter, aber es fehlte ihm die physische Komponente, die einen Teenager wie mich damals direkt hätte ansprechen können.

Nun aber kam KRAFTWERK. Deren LP gelang es, die fehlende Verbindung zwischen der Avantgarde und der Rockmusik herzustellen. Das war eine Symbiose, auf die ich offenkundig gewartet hatte, ohne dass es mir bewusst war.

Natürlich musste ich meine Entdeckung sofort allen Freunden und Mitschülern vorspielen – und deren Reaktion verblüffte mich: Die meisten fanden die Platte nämlich *witzig* – gerade so, als sei sie eine Comedy-LP. Besonders „Vom Himmel hoch" wurde wie eine Art überdrehter akustischer Zeichentrickfilm wahrgenommen. Ich konnte das zwar irgendwie nachvollziehen, nahm selbst aber die Stücke in erster Linie *musikalisch* wahr – da zeigte sich wahrscheinlich ein gewisses Training durch „das neue werk".

Tatsächlich lagen meine Schulfreunde mit ihrer Auffassung aber gar nicht so falsch: Anfang 1971 erschien ein etwas wirres, „media news of KRAFTWERK"[30] genanntes Elaborat, das wohl eine Art Zwischending zwischen Kunstobjekt und Pressemappe war. Es enthielt einige, teils recht hingeworfen wirkende, Skizzen zu „Vom Himmel hoch" – das hatte schon deutlich comic-strip-hafte Züge. Das Stück beschreibt demnach akustisch einen Luftangriff, inklusive Bombenexplosionen und Alarmsirenen. Ob und wie weit man darin eine Stellungnahme gegen Kriegshandlungen sehen darf oder soll, muss dahingestellt bleiben; das Stück selbst verbleibt auf einer rein beschreibenden Ebene, schließt aber Interpretationen nicht aus. Auf eigene Anschauung zumindest kann die akustische Darstellung nicht zurückgehen, da keiner der beteiligten Musiker die Bombennächte des Zweiten Weltkrieges noch selbst erlebt hat. Die Kriegsfolgen aber, die Zerstörung oder Beschädigung ganzer Straßenzüge, die werden sie gesehen haben (die sind selbst mir als Kind nicht entgangen). Man vergisst so etwas nicht. Durchaus vorstellbar also, dass sich das Stück direkt oder indirekt darauf bezieht.

Wie dem auch sei, ich kann nicht der Einzige gewesen sein, dem die LP gefiel: Mit rund 60.000 innerhalb eines Jahres verkauften Exemplaren kletterte sie bis auf Rang 30 der Charts. Für eine deutsche Rockmusikplatte war das ziemlich sensationell.

Auf der Bühne wurden Ralf Hütter und Florian Schneider-Esleben von wechselnden Sessionmusikern unterstützt, unter anderem von Eberhard Kranemann, Klaus Dinger, Plato Kostic (Rivera), Klaus Röder und Emil Schult. Letzterer war Beuys-Schüler, Maler und Grafiker, er spielte gelegentlich Gitarre bei Liveauftritten der Band, später trat er als Covergestalter und Co-Texter in Erscheinung.

Als eine feste Band würde man KRAFTWERK zu diesem Zeitpunkt wohl noch nicht bezeichnen, eher als ein loses „Projekt", in dessen Zentrum aber bereits klar Ralf Hütter und Florian Schneider-Esleben standen. Eine Ausnahme gab es 1971. Da nämlich trat Ralf Hütter für ein halbes

Jahr in den Hintergrund, um sein Architekturstudium zu Ende zu bringen. In diesen Monaten bestand KRAFTWERK – nach außen hin jedenfalls – aus Michael Rother, Klaus Dinger und Florian Schneider-Esleben. Was das Trio in der Fernsehsendung „Beat-Club" oder einem von Radio Bremen mitgeschnittenen Auftritt im Bremer Gondel-Kino spielt (beides leicht auf YouTube zu finden), erinnert aus heutiger Sicht schon fast an NEU!; man spürt sehr deutlich vor allem, dass da ein musikalisches Grundverständnis zwischen Rother und Dinger besteht.

Eine Einspielung der drei aus dem Hamburger Star-Studio, die eigentlich das zweite KRAFTWERK-Album werden sollte, führte zu Streitereien und wurde schließlich verworfen.[31] Michael Rother: „Florian wird auch noch die Aufnahmen haben, die wir 1971 mit Conny Plank für das zweite KRAFTWERK-Album gemacht haben. Dabei sind wir allerdings komplett gescheitert, denn diese rauschhafte und energetische Musik funktionierte nur unter ganz bestimmten Voraussetzungen, und zwar nur in der Livesituation, wenn ein Publikum das miterlebte. ... Doch genau das ließ sich im Studio nicht rekonstruieren. Ich erinnere mich gut an diese Studiosituation im Ralf-Arnie-Studio in Hamburg, das war wie im luftleeren Raum zu spielen."[32] Bis heute haben diese Bänder nicht den Weg ans Tageslicht gefunden, und die im Web kursierenden Live-Aufnahmen des Trios vermitteln tatsächlich eher eine Vorahnung dessen, was Rother und Dinger kurze Zeit später zusammen als Duo NEU! in die Welt setzen sollten, als an das, was dann das Duo Hütter und Schneider-Esleben auf *Kraftwerk 2* zu Gehör brachte.

Ralf Hütter nämlich kehrte zurück und tat sich wieder mit Florian Schneider-Esleben zusammen. Man kann das wohl als eine Art Neuanfang sehen. Dinger und Rother machten sich selbständig, auch der erwähnte Eberhard Kranemann, der bis dahin noch als Mitwirkender am Projekt angegeben wurde[33], war nun definitiv nicht mehr dabei. Mit dem Freejazz-Fan Kranemann an Bord hätte KRAFTWERK nicht werden können, was es wurde.

Zwischendurch zur besseren Übersicht ein paar Zahlen[34]: In den Jahren 1973/74 standen ungefähr 250 Gruppen, die man dem Krautrock-Genre zurechnen kann, bei deutschen Labels unter Vertrag. Die meisten Platten, die damals von diesen Gruppen veröffentlicht wurden, blieben zwischen 1000 und 3000 verkauften Exemplaren hängen. Rock aus dem heimischen Garten war ein Nischenprodukt: Nur etwa ein halbes Prozent aller in Deutschland verkauften Rock-LPs entfiel auf deutsche Acts. Konkret: Im Jahr 1973 wurden in Westdeutschland und West-Berlin 148 Millionen LPs verkauft. Davon kamen nicht mehr als rund 750.000 LPs von den etwa 250 deutschen Rock-Acts, die überhaupt einen Plattenvertrag hatten. KRAFTWERKS Erstling mit seinen etwa 60.000 verkauften Exemplaren war da schon ein Ausreißer; normalerweise, wenn eine Platte wie zum Beispiel *All Will Be Changed* (1970), das Debüt von KRAFTWERKS Labelkollegen FRUMPY, 15.000 Exemplare verkaufte, dann hallten bereits spitze Jubelschreie durch die Korridore der Plattenfirma. Und zum Vergleich: Hätte sich etwa eine LP der damals populären LES HUMPHRIES SINGERS bei 15.000 verkauften Exemplaren eingepegelt, man hätte sie ohne viel Federlesens als Flop abgehakt.[35]

Was Ralf Hütter und Florian Schneider-Esleben im Kopf herumging, das konnten sie nur umsetzen, indem sie die alleinigen Regisseure ihres Schaffens wurden, und sie machten sich nach der vorübergehenden Trennung konsequent als Duo auf den Weg (Conny Planks Input sollte dabei allerdings nicht unerwähnt bleiben). Klaus Dinger: „Ralf und Florian hatten ihre Probleme auf sehr gute Art überwunden. Die haben irgendwann kapiert: ‚Wir müssen das zusammen machen, gegeneinander bringt das nichts.'"[36]

Ralf Hütter ging 2009 in der Rückschau noch einen Schritt weiter: „Wir waren die ganze Zeit ein Duo, wir hatten lediglich verschiedene Studiomusiker."[37] Das ist ein klarer Hinweis darauf, dass aus seiner Sicht das vielbeschworene „klassische" Line-up Hütter/Schneider/Bartos/Flür nie als feste Band existiert hat. Für viele Fans war diese Konstellation immer „die Originalbesetzung" gewesen, und wie sich in den Online-Foren zeigte, hatte so mancher heftig daran zu knabbern, dass das nicht so gewesen sein sollte.

Es hat wohl mit einem manchmal arg romantischen Verständnis von einer „Band" zu tun, unter der sich viele eine verschworene Gemeinschaft von Freunden vorstellen, die gemeinsam durch dick und dünn gehen, und wenn eines der Mitglieder die Band verlässt, dann ist das gesamte Projekt am Rande des Abgrundes. Natürlich gab und gibt es das – auch in England, man muss nur an die vier Beatles denken, die gerade in ihren Anfangstagen in Hamburg sehr zusammengewachsen waren. In den USA dagegen hat man den Begriff „Band" – im professionellen Bereich jedenfalls – nicht so streng aufgefasst. Viele US-Bands hatten ein oder zwei „Masterminds", die das Projekt trugen, dazu kam eine Handvoll von Stamm-Musikern, die mehr oder weniger fest vor allem bei Live-Auftritten dabei waren, im Zweifelsfall aber auch ausgetauscht oder um weitere Musiker ergänzt werden konnten. Im Studio, wo es für die späteren Plattenkäufer unüberprüfbar blieb, waren die scheinbaren „Stamm-Musiker“ keineswegs immer dabei, oder es wurden weitere Sidemen angeheuert. Diese blieben meist ungenannt; dabei wurden nicht selten sogar von ihnen mitgebrachte Kompositionen ins Repertoire aufgenommen. Für US-Profimusiker ist dieses Procedere Arbeitsalltag. STEELY DAN mit Donald Fagen und Walter Becker könnte man anführen, die BEACH BOYS oder auch THE BYRDS, und man kann wahrscheinlich kaum noch zählen, auf wie vielen Platten gar nicht die „eigentlichen“ Bandmitglieder zu hören sind, sondern in Wahrheit versierte Instrumentalisten aus dem als WRECKING CREW bekannten Zirkel von hochprofessionellen Studiomusikern, weil man mit ihnen einfach schneller das gewünschte Ergebnis im Kasten hatte. Ganz abgesehen von Gruppen, die vollständig erfunden sind, man denke etwa an THE ARCHIES, die PARTRIDGE FAMILY oder die MONKEES, erstere eine Zeichentrick-Band, die beiden letzteren gecastete Erfindungen für TV-Sitcoms. Die US-Gesangsgruppe THE DRIFTERS existierte sogar in gleich zweifacher Ausfertigung – die eine machte die Plattenaufnahmen, die andere absolvierte parallel dazu die Tourneen. Auch der englische Produzent Joe Meek war in den 1960er Jahren dafür bekannt, „Bands“ und „Interpreten“ nach Belieben aus dem Hut zu zaubern. An dieser Praxis hat sich auch heute vielfach noch nichts geändert.

Heute zeigt sich mehr denn je, dass KRAFTWERK tatsächlich keine herkömmliche Popgruppe ist und ihre Denkweise einer solchen nie entsprochen hat. Es gehört nach wie vor zur Kunst KRAFTWERKS, dass sich die Mitwirkenden nicht als Personen in den Vordergrund stellen; im Gegenteil ist es Prinzip, dass man über die KRAFTWERKER nur sehr wenig erfährt. Florian Schneider-Esleben ging Interviews meist lieber aus dem Weg, Ralf Hütter verrät in Interviews so gut wie nichts über sich oder bleibt bei Allgemeinplätzen. Solange die Gruppe nichts mitzuteilen hat, bleibt sie unerreichbar (oder tut wenigstens so). Es steht immer das Projekt im Vordergrund, und das ist so gewollt.

Damit stellen sich Hütter und Schneider in eine alte Tradition, nämlich die des Expressionismus und des Dadaismus der 1920er Jahre. Viele der damaligen Künstler spielten das Spiel, sich zu anonymisieren, sich hinter Masken und in wilden Kostümen zu verbergen, mit Materialien, erfundener Sprache oder absurden Sprechweisen zu arbeiten, die man ihnen nicht persönlich zuordnen konnte. Nur ihre Werke sollten sprechen. Bei KRAFTWERK finden wir diese Idee der Anonymisierung wieder, vor allem im Gebrauch des Vocoders und der „Robovox“; es wird darauf noch einzugehen sein.

## KRAFTWERK, DIE ZWEITE

Das zweite KRAFTWERK-Album stand an. Das machten, nachdem der erste Anlauf von Rother/Dinger/Schneider schiefgelaufen war, nun Ralf Hütter und Florian Schneider-Esleben allein, wiederum unter der Co-Produzentenhand von Conny Plank im Hamburger Star-Studio. Conny hatte einen Deal mit dem Besitzer des Studios, dem erfolgreichen Schlagerproduzenten, -texter und -komponisten Ralf Arnie[38]: Er durfte das gut ausgestattete Studio nachts kostenlos benutzen, dafür mussten die dort produzierten Musikwerke in Arnies Musikverlag veröffentlicht werden. Conny nutzte das Studio auch gern, um Aufnahmen abzumischen, die er mit Bands im nicht ganz so komfortablen Windrose-Dumont-Time-Studio gemacht hatte. Dabei dürften für Arnie eher Anerkennungsbeträge herausgekommen sein; reich geworden ist er damit nicht.

*Kraftwerk 2*, wie das resultierende Album schlicht hieß, wurde 1971 veröffentlicht und kam mit derselben Pylon-Grafik auf dem Cover daher wie die erste LP, nur war er diesmal leuchtgrün und wirkte deshalb unwirklich; im Inneren des Klappcovers fanden sich etliche, seltsam gestellt aussehende, schwarzweiße Fotos Ralfs und Florians und einiger ihrer Instrumente; auch Conny Plank war mit einem Foto vertreten. Der Gesamteindruck der Platte war schon äußerlich düsterer als der des ersten Albums, und dieser Eindruck setzte sich in der Musik fort. Auch auf *Kraftwerk 2* findet sich noch keine Elektronik im Sinne eines Synthesizers, verwendet werden Instrumente, die auch andere Rockgruppen einsetzten. Das gesamte Klangbild ist zurückgenommener als auf dem ersten Album; wenn es zu aggressiven Klängen kommt, wie etwa am Anfang von „Strom", so werden sie hier deutlich zielgerichteter eingesetzt. „Klingklang", das 17-minütige Zentrum der Platte auf Seite 1, wird eingeleitet von Glockenklängen (tatsächlich dürfte es sich um verschiedene Gläser, Tassen, Metallteile etc. handeln, die mit unterschiedlichen Geschwindigkeiten aufgenommen wurden); wer sich an PINK FLOYDS „Time" erinnert fühlt, liegt wohl auch nicht ganz falsch. Gelegentlich tauchte dieses Geklingel auch bei Konzerten als Bandzuspielung auf. Statt eines Schlagzeugs verwendete KRAFTWERK nun eine Rhythmusmaschine, die sanft vor sich hinpluggert, begleitet von Bassgitarre, E-Piano, Orgel, Gitarre und Querflöte, gegen Ende des Stücks kommt eine Geige hinzu. Der Einsatz der künstlich klingenden Rhythmusmaschine verändert den Gesamtsound der Gruppe erheblich und war eine echte Innovation in der deutschen Rockszene; ein solches Gerät hatten vorher nur CAN auf ihrem Album *Tago Mago* verwendet. Wie schon die Stücke auf dem ersten Album ist auch „Klingklang" suitenartig angelegt; im Prinzip haben wir es eigentlich mit vier aneinandergehängten Stücken zu tun, die auch jeweils für sich stehen könnten. „Klingklang" wird im zweiten Teil von der Rhythmusmaschine und einem Bass-Ostinato getragen (man darf annehmen, dass beides zusammen eine Bandschleife bildete), darüber werden E-Piano und Querflöte gespielt. Dieser fast meditative Abschnitt lebt nicht unwesentlich davon, dass die Laufgeschwindigkeit des Tonbands verändert wird, wobei nicht auszumachen ist, ob dies bereits während der Aufnahme oder erst später bei der Abmischung geschehen ist. Ein Schnittfehler bei 10:20, wie er bei mechanischen Bandschnitten sehr leicht passieren konnte, wirft mich bis heute jedes Mal aus der Kurve. Der dritte Abschnitt von „Klingklang" setzt die meditative Stimmung fort mit einem gleichmäßig in Viertelnoten durchgehaltenen, klickenden Perkussionsklang undefinierbarer Herkunft, begleitet von einer Flötenstimme, die mehr gehaucht als gespielt ist. Der vierte Abschnitt wird dominiert von schnellem Tempo, einer nervösen, deutlich in den Vordergrund gehobenen Rhythmusmaschine, dazu spielt eine Geige in dreifachem Overdubbing.

Der zweite Track auf Seite 1, „Atem", klingt künstlich, als sei er mit einem Rauschgenerator erzeugt worden, ist es aber wohl nicht. Tatsächlich darf man annehmen, dass Florian Schneider-Esleben in ein Mikrophon atmet und das dadurch entstehende Geräusch mit Filtern und Echogerät verfremdet wird. So jedenfalls hat KRAFTWERK das Stück auf der Bühne präsentiert, was in zumindest zwei mir bekannten Fällen zu Gelächter, aber auch zu Unverständnis führte.

Auf der zweiten Seite dominieren Bass und Gitarre. Von virtuosem oder strukturiertem Spiel kann ernsthaft nicht die Rede sein, eher vielleicht von frühem Industrial. Einer der Titel wird auf dem Innencover mit „Wellenlänge", auf dem Label mit „Wellenklänge" angegeben – was immer gemeint war, beides kann man sich vorstellen, und Wortspielereien gab es auch schon auf dem ersten Album („Megaherz"). Die Instrumente, insbesondere eben Bass und Gitarre, werden weniger im herkömmlichen Sinne „gespielt", sondern als Klangerzeuger eingesetzt, sie evozieren Atmosphären und tragen wesentlich zu dem insgesamt dunklen Eindruck bei, den das Album hinterlässt. Eine Serie verlangsamter Harmonika-Arpeggios schließt die Seite 2 ab.

In der „Sounds“ wurde *Kraftwerk 2* nicht rezensiert, lediglich die Schweizer „Pop“ fand, der „eigenartig stampfend-roboterhafte KRAFTWERK-Sound“ finde wieder „allgemeinen Anklang“[39]. Ralf Hütter hält das Album heute für „Archäologie“[40] – ob es wirklich nur noch das ist oder vielleicht auch heute noch einen Eigenwert besitzt, darüber ließe sich zwar streiten, aber für mich hat es ihn. „Uncut“ bemüht als Maßstäbe sogar Terry Riley, György Ligeti und den Soundtrack zu *2001: A Space Odyssey* – da kann man sich tatsächlich fragen, ob man's nicht ein bisschen kleiner gehabt hätte.[41] Immerhin, das Album erreichte Platz 36 der Charts.

## KLING-KLANG-STUDIO

Ebenso wie CAN, CLUSTER oder FAUST erkannten die KRAFTWERKER recht bald, dass für die Musik, die sie machen wollten, ein eigenes Studio sinnvoll wäre. Bei den meisten Rockgruppen war der übliche Weg, Stücke im Proberaum zu entwickeln, sie so lange einzuüben, bis sie „saßen“, sie gegebenenfalls vor Publikum auf ihre Wirkung zu testen, um sie dann im Studio möglichst exakt so wie geübt zu reproduzieren. Die Live-Präsentation der Stücke zeigt aber, dass KRAFTWERK so nicht vorgegangen ist. Bei KRAFTWERK entstanden die Stücke im Spiel und wurden nach und nach weiter ausgefeilt, wobei nichts fix war, immer wieder an den Fragmenten herumimprovisiert wurde und live auch nicht wiederholbare Augenblicke zum Teil eines Stücks werden konnten. So kristallisierte sich die Grundform eines Stückes mehr und mehr heraus, aber endgültig fertig war es nie.[42] Hätte man dies so in einem kommerziellen Studio praktizieren wollen, die Kosten wären in unabsehbare Höhen gestiegen. Keine Plattenfirma wäre willens gewesen, sie zu übernehmen.[43]

Deshalb hat sich KRAFTWERK dann in einigen Räumen eines Mehrzweckhauses in der Düsseldorfer Mintropstraße, nahe dem Hauptbahnhof, niedergelassen. Auf dem dritten Album, *Ralf & Florian,* wurde es noch als „KRAFTWERK-Studio" bezeichnet, später erhielten die Räume den Namen „Kling-Klang-Studio". „Elektro-Müller", der Name einer ebenfalls in dem Gebäudekomplex ansässigen Firma, stand über der Toreinfahrt zum Hinterhof und ist bis heute unter Fans ein beliebtes Motiv, unter dem man sich gern fotografieren lässt. Nach allem, was man weiß, blieb KRAFTWERK bis zum Auszug der Gruppe der einzige Nutzer dieser Räume.[44] Sie waren Proberaum, wurden später ein zunehmend professionelles Tonstudio und ermöglichten der Gruppe ein weitgehend autarkes Arbeiten.

## KRAFTWERK, DIE DRITTE

Im Prinzip waren wir jungen Fans damals darauf geeicht, dass es bis zum nächsten Album wieder ein Jahr dauern würde, dass es *Kraftwerk 3* heißen und einen blauen oder gelben Pylon auf dem Cover haben würde. Das wäre sehr warholesk gewesen und hätte gepasst. Aber es kam anders.

*Ralf & Florian* hieß das Werk, das 1973 erschien. Das Cover zeigte die Namen in einer gebrochenen Schrifttype namens „Tannenberg“, die der KRAFTWERK-Biograf Pascal Bussy als „very Germanic“ empfand[45] (Florian Schneider hatte ein Faible für alte Schriften, insbesondere faszinierte ihn die Sütterlin-Schrift, die er später, nach seinem Rückzug aus der Band, unter anderem für Autogramme und für Beschriftungen im Studio einsetzte, auch sein Grabstein trägt seinen Namen in Sütterlin). Ein Pylon auf dem Cover war zwar noch vorhanden, diesmal wieder in Rot, aber nur noch klein und wohl eher im Sinne eines Rückverweises auf die ersten beiden LPs gemeint – so ganz wollte man auf das vertraute Markenzeichen offenbar nicht verzichten. Darunter sieht man ein großformatiges Schwarzweißfoto, aus dem Ralf und Florian herausblicken wie zwei Gymnasiasten auf dem Weg zur Abiturprüfung; es stammte von dem sonst eher für Sportfotos bekannten Fotografen Robert Franck. Am unteren Rand vermerkte das Foto die vollen Namen der Musiker; Florian hatte sich – für die Öffentlichkeit jedenfalls – von seinem Doppelnamen verabschiedet.

In Deutschland erschien *Ralf & Florian* wiederum auf dem Philips-Label. Weil inzwischen aber auch erste Interessenten in England auf die Gruppe aufmerksam geworden waren, wurde sie als *Ralf and Florian* auch dort veröffentlicht, und zwar auf dem auf Prog spezialisierten Vertigo-Label (was administrativ kein Problem war, da beide Labels damals zur Phonogram-Gruppe gehörten). Allerdings entschied man sich in England für ein anderes Cover. Der Name der Band erschien darauf in der Schablonenschrift der ersten beiden LPs, statt des Doppelportraitfotos war eine Platine abgebildet.

Interessanter war aber in beiden Ländern die Cover-Rückseite: Die nämlich eröffnete auf einem Farbfoto von Barbara Niemöller (laut Bussy damals Florians Freundin[46]) einen farbigen Blick ins Kling-Klang-Studio, und das erste, was mir auf dem Bild ins Auge fiel, waren nicht die Acrylglaskästen mit den Neonnamen der beiden Musiker, sondern: Ralf Hütter, bis dahin mit Orgel und Farfisa-Piano unterwegs, hatte sich einen *Minimoog* zugelegt.

Der Name Moog wurde bis dahin vorrangig mit dem „Big Moog“ verbunden, einem aus mehreren Modulen bestehenden Synthesizer, wie man ihn bis dahin etwa von Wendy Carlos' Einspielung *Switched-on Bach*, von Eberhard Schoener oder Florian Frickes Band Popol Vuh kannte. So ein Instrument kostete damals je nach konkreter Ausstattung um die 60.000 Mark, ein Betrag, der etwa drei bis vier Jahresgehältern eines Durchschnittsangestellten entsprach. Und es war hochkomplex, zugunsten maximaler Flexibilität der Klanggestaltung verzichtete der Moog-Synthesizer auf jede Vereinfachung, und Bedienungsanleitungen wurden nicht mitgeliefert. Das war schon im Studio schwierig zu handhaben, auf der Bühne wurde daraus leicht ein Glücksspiel. Das brachte Bob Moog auf die Idee, einen kleinen, aber klanglich trotzdem möglichst flexiblen Bruder des Big Moog zu entwerfen: den Minimoog. Dieses Instrument wurde zur Legende; inzwischen wird es sogar wieder hergestellt.

Ralf Hütter gehörte zu den ersten, die in Deutschland einen solchen Minimoog hatten. Er erstand ihn in Hamburg im Studio Funk, einem Tonstudio, das nebenbei auch als deutsche Generalvertretung der US-Firma Moog fungierte: „Das war der einzige Händler in Deutschland, der ihn damals hatte. ... Mein erster Synthesizer war monophon und kostete genauso viel wie mein grauer Volkswagen Standard, der Käfer von unserem Plattencover [gemeint ist das *Autobahn*-Cover; jr]. Die Rechnung habe ich noch: 5500 Mark. Ich habe lange darauf gespart.“[47] Der Preis war in der Tat nicht von Pappe; unter Berücksichtigung von Inflation und Kaufkraft würde der Betrag heute knapp 10.000 Euro entsprechen. Bei Moog bezahlt man bis heute immer auch den Namen mit. Aber, so Ralf Hütter, „der Synthesizer war für mich viel wertvoller als das Auto. Mit dem Auto konnte ich in der Gegend herumfahren, aber mit dem Synthesizer konnte ich mir die ganze Welt erschließen.“[48] Interessanterweise hat – anders als die Bands der Berliner und Münchner Szenen – keine Band in Düsseldorf je einen großen Modul-Moog besessen.

Auch Florian Schneider hatte aufgestockt: Er hatte sich den kleinen *EMS Synthi AKS* zugelegt, eine Art Koffergerät ohne eigene Tastatur. Es gab für das Instrument als Extra eine auf Metall gedruckte virtuelle Tastatur, die man anschließen konnte, die sich aber nur schwer kontrolliert spielen ließ. Dafür hatte der EMS ein Steckfeld, das eine große klangliche Flexibilität ermöglichte. Brian Eno startete seine Karriere bei Roxy Music und als späterer Produzent ebenfalls mit diesem Gerät.

Und, fast noch wichtiger: Florian Schneider hatte nun, von einem Ingenieur extra für ihn angefertigt, einen *Vocoder*. Dieses Wort steht für „Voice-Coder“[49]; es handelt sich ursprünglich um ein Gerät militärischer Herkunft, um Funksignale zu codieren. Mit der musikalischen Version des Geräts kann man dem Klang einer Orgel oder eines anderen Instrumentes die Modulation gesprochener Wörter aufprägen. Das klingt dann so, als würde die Orgel einen Text singen.

Mit diesem Gerät startete Florian Schneider seine Forschungs- und Entwicklungsarbeit in Sachen künstlicher Sprache, die später in Gestalt der aus einer sprechenden Schreibmaschine abgeleiteten „Robovox“ zu einem Markenzeichen KRAFTWERKS werden sollte.

Musikalisch präsentieren sich *Ralf & Florian* in neuem Licht. Aber es war nicht allein das neue Equipment, dem dies zu verdanken war. Auch das fast parodistisch wirkende Coverfoto, die beiden entspannt lächelnden Jungs auf dem Rückcover, das latent jugendzimmerhaft wirkende Studio, die Titel der Stücke, dazu die gesamte klangliche Atmosphäre der LP: Dies alles zusammen strahlte etwas Heiteres, Unbeschwertes aus, wie es die vorherigen Platten nicht hatten, insbesondere nicht die eher ernste *Kraftwerk 2*.

Es ist übrigens durchaus bemerkenswert, wie dicht beieinander musikalisch-konzeptionell zu dieser Zeit noch die Gruppen CLUSTER (Hans-Joachim Roedelius und Dieter Moebius) und KRAFTWERK waren. Nicht nur, dass ein KRAFTWERK-Stück wie „Heimatklänge“ fugenlos auch auf CLUSTERS Album *Sowiesoso* gepasst haben würde, oder umgekehrt man sich ein Stück wie CLUSTERS „Es war einmal“ auch auf *Ralf & Florian* vorstellen könnte; einige der von einer einfachen Echolette-Rhythmusmaschine dominierten Tracks von CLUSTERS Album *Zuckerzeit* hätten auch gut auf *Kraftwerk 2* gepasst. Vielleicht kein Zufall, denn es gab persönliche Kontakte und Querverbindungen. So war Hans-Joachim Roedelius zeitweilig mit Florian Schneiders Schwester Claudia befreundet. Der Gitarrist Michael Rother hatte mit KRAFTWERK gespielt; Klaus Dinger hatte nicht nur auf der ersten KRAFTWERK-LP getrommelt, sondern war auch live mit ihnen unterwegs gewesen, Michael Rother und er waren auf der Suche nach Musikern für NEU!-Konzerte auf CLUSTER gestoßen, obendrein wollte Dinger mit Rother und den CLUSTER-Leuten eine „Supergruppe“ namens EUROPA ins Leben rufen. Beides scheiterte allerdings, weil Roedelius und Dinger nicht miteinander konnten, Roedelius und Rother hingegen wunderbar. So ließ sich Michael Rother im „Alten Weserhof“ nieder, dem CLUSTER-Haus in der Weserbergland-Gemeinde Forst, gründete mit Roedelius und Moebius die Gruppe HARMONIA und konzentrierte sich verstärkt auf diese.[50] Dazu kommt, dass hinter allen vier Gruppen, CLUSTER, HARMONIA, NEU! und KRAFTWERK, der Produzent Conny Plank stand. Und sie alle waren nicht gewillt, so ohne Weiteres die Vermarktungsmechanismen der Plattenindustrie zu akzeptieren.

Die gelöste Stimmung des *Ralf & Florian*-Albums spiegelte sich wider in dem der ersten LP-Auflage beigelegten Poster, das dessen Schöpfer, der Beuys-Schüler Emil Schult, als „Musicomic“[51] bezeichnete: Im Plakatformat werden unter der Überschrift „In Düsseldorf am Rhein klingt es bald“ die einzelnen Tracks visualisiert, ergänzt um ein bisschen Nonsens darum herum. Das Ganze sah ein wenig aus wie Seiten aus dem Skizzenbuch eines Malers; etwas altertümlich wirkende Grafik stand neben freundlich-absurdem Unsinn, kleine Bildgeschichten waren ebenso zu finden wie Mini-Collagen, dazu Skizzen, die Personen aus dem persönlichen Umfeld der beiden zeigen, etwa Florians Mutter Evamaria und seine Schwestern Claudia und Tina. Die Zeichnungen stammten von Florian Schneider und Emil Schult, letzterer war derjenige, der das alles zusammencollagiert hatte – ärgerlicherweise so, dass, wenn man den Musicomic an die Wand pinnen wollte, immer eine der Hälften auf dem Kopf stand. Da ich das Ding aber unbedingt an der Wand haben wollte, schnitt ich das Plakat in zwei Teile. Die, immerhin, besitze ich noch heute, wenn auch nicht mehr an der Wand.

Emil Schults Einfluss speziell auf das visuelle Image der Band kann kaum hoch genug eingeschätzt werden. Ralf Hütter bezeichnete ihn als „Medium der Gruppe“[52], Schult selbst sagt dazu: „Ja, ich glaube, das ist eine gute Beschreibung. Wolfgang Flür sagt, ich war so etwas wie ein Guru, weil ich immer da war, die Leute gaben mir ihre Ideen, und ich habe sie interpretiert. Ich würde nicht sagen, dass mein Talent ein speziell musikalisches war, aber ich hatte Einfluss auf alles, denn so ist das halt, wenn du in einer Gruppe bist. Dann hast du Einfluss auf alles.“[53]

Hans-Joachim Krüger schrieb in „Sounds“: „Passé der Versuch, durch mitunter experimentelle Kompositionen (wie ‚Strom‘, ‚Spule 4‘, ‚Megaherz‘ oder ‚Wellenlänge‘) eine akustische Parallelität zum Gruppennamen herzustellen. Stattdessen fast ein Hauch von Nostalgie in der neuerlichen Wahl der Titel (‚Tanzmusik', ‚Ananas-Symphonie', ‚Heimatklänge' usw.), musikalisch dagegen ein doppelter Sprung nach vorn durch swingende, elektronische Überspitzung eben solcher wehmütiger Themen."[54] Der „Hauch von Nostalgie" ist sehr fein herausgehört, er wird wieder auftauchen.

Schon auf diesem Album setzt Ralf Hütter seinen Minimoog recht ausgeklügelt ein, offenkundig hatte er sich gründlich mit dem Instrument beschäftigt und klare Vorstellungen entwickelt, was es ihm liefern sollte. Der Minimoog ist zwar klein, „einfach" im landläufigen Sinne ist er aber nicht. Hütter: „Die Leute glauben immer, du drehst ein paar Knöpfe, und ein neues Album ist fertig."[55] Aber so ist es mitnichten. Auch für den Minimoog gilt: Ein Synthesizer ist nicht ein Effektgerät, das auf Knopfdruck irgendetwas automatisch abspult, sondern er ist ein vollwertiges Musikinstrument. Ihn zu spielen muss man ebenso erlernen wie jedes andere Instrument – sonst spielt der Synthesizer mit dem Musiker, und man erhält immer nur Zufallsergebnisse.

Aber auf *Ralf & Florian* ist auch ein klassisches Piano zu hören („Heimatklänge"), verbunden mit einer schön ausgearbeiteten Flötenmelodie. In „Tongebirge" passiert genau das, was der Titel sagt: Es werden Querflöten- und Minimoog-Töne mit Hilfe von Echos zu einem Gebirge aufeinandergetürmt, in „Tanzmusik" singen die beiden Musiker erstmals selbst mit, unterstützt von Fingerschnippsen, Händeklatschen, Glockenspiel, einem Spielzeugschlagzeug und einem etwas vereinfachten Bossa-Nova-

Rhythmus aus der Maschine, wenngleich der Gesang noch ohne Text, eher dünn und offenkundig nicht allzu ernstgemeint ist. Und egal, was Ralf Hütter später über die angeblich nicht mehr vorhandene Relevanz dieser frühen Alben sagt: Für mein Gefühl ist selbst noch auf *Trans Europa Express* von 1977 mit einem Stück wie „Franz Schubert“ ein deutlicher Rückverweis auf diese frühe Ära der Gruppe zu finden.

Conny Plank nahm das Album teils in den Kölner Rhenus- beziehungsweise Cornet-Studios auf, teils im Münchner Studio 70, erstmals aber mit einer mobilen 16-Spur-Maschine und einem transportablen Mischpult auch direkt im KRAFTWERK-Studio. Wer im Kopfhörer bewusst auf die Raumakustik achtet, kann ziemlich genau hören, welche Teile der Platte das sind. Conny steuert auch hier wieder aufnahmetechnische Tricks bei, die deutlich seine Handschrift tragen; etwa in dem verspielten „Elektrischen Roulette“ oder in Gestalt der rückwärts laufenden Sequenz in „Kristallo“ – ein hypnotisches Stück Musik. Dessen Titel leitet sich vermutlich vom „Hotel Cristallo“ ab, das sich in Laufnähe des Studios befindet – was man daraus ersehen mag, dass die Neonschrift dieses Hotels einige Sekunden lang in den Videoclip zum späteren, nicht weniger hypnotischen „Neonlicht“ vom 1978er Album *Die Mensch-Maschine* eingebaut ist.[56]

In der „Ananas-Symphonie“ ertönt erstmals der erwähnte Vocoder, der allerdings nichts weiter sagt als eben „Ananas-Symphonie“, dazu spielt Florian auf einer Steelgitarre[57] – ein sehr faszinierendes Stück, das nach elektronischem Gewusel und effektbehandelter Steelgitarre in eine fast ambienthafte, fließende Meditation mündet, wie sie KRAFTWERK später so nie wieder gelungen ist.

Anders als auf den ersten beiden Alben sind auf dem Cover der Platte Hütter und Schneider allein als Produzenten verzeichnet, Conny Plank taucht nur als „Engineer" auf. Wie weit diese Bezeichnung den tatsächlichen Umfang seiner Mitwirkung beschreibt, ist für einen Außenstehenden heute nicht mehr zu klären. Man kann sich lediglich daran orientieren, dass das Album wie seine Vorgänger eine Art „Plankschen Gesamtsound" aufweist. Während der Produktion des Albums scheint es zu Unstimmigkeiten zwischen Plank und Hütter/Schneider gekommen zu sein, anders wäre ein Brief Planks an seinen Anwalt, betreffend Hütter und Schneider, nicht zu erklären: „Ich lehne es grundsätzlich ab, mit den beiden Herren in Zukunft zusammenzuarbeiten, wenn in dieser Angelegenheit alt abgesprochene Abmachungen, die in den vorherigen Produktionen gegolten haben und auch noch während dieser Produktion nicht widerrufen wurden, plötzlich nach Abschluss der Produktion nicht mehr eingehalten werden sollten."[58] Schon allein die Tatsache, dass überhaupt ein Anwalt eingeschaltet wurde, deutet darauf hin, dass etwas vorgefallen sein muss, das sich nicht einfach abends in der Runde um Connys legendären Küchentisch klären ließ. Es kann und soll an dieser Stelle nicht darüber spekuliert werden, was das gewesen sein könnte, aber allem Anschein nach hat die Angelegenheit noch bis hinein in die Produktion des *Autobahn*-Albums Spuren hinterlassen.

Ganz sicher war *Ralf & Florian* das musikalisch bis dahin ausgereifteste Produkt der beiden; ich liebe die Platte noch heute. Auch in meinem Freundeskreis stieß die Scheibe auf Sympathie; nicht selten wurde sie mit Mike Oldfields 1973 veröffentlichtem Album *Tubular Bells* verglichen – der Vergleich ist technisch nicht zutreffend, atmosphärisch aber nachvollziehbar.

Kraftwerks Erscheinungsbild auf der Bühne entsprach damals im Wesentlichen dem, was auf dem Rückcover von *Ralf & Florian* zu sehen ist. Das heißt, es standen einfach die verwendeten Musikinstrumente auf der Bühne, dazu einiges an teils sichtlich selbstgebautem Equipment, etwa eine Bassreflexbox mit einem großen Schalltrichter, die bemerkenswerte Tieftöne in den Saal blies. Zum Bühnenbild gehörte auch eine 1950er-Jahre-Stehlampe mit drei vergilbten Schirmen, wie ich sie noch aus den elterlichen Wohnungen einiger Mitschüler in Erinnerung habe.

Auf der Bühne ergänzte sich Kraftwerk nach wie vor mit Gastmusikern, wenn benötigt. Inzwischen war auch der Schlagzeuger Wolfgang Flür zur Band gestoßen. Er spielte ein elektronisches Drum-Pad, das eine Eigenkonstruktion der Gruppe war; im Laden jedenfalls konnte man so etwas nicht kaufen. Das Gerät besaß metallene Kontaktplatten, die mit an Stricknadeln erinnernden Sticks betrommelt wurden. Die so ausgelösten Sounds stammten aus einer auseinandergebauten Rhythmusmaschine.[59] Man sah dieses Gerät erstmals 1973 in einem Beitrag des ZDF-Kulturmagazins „Aspekte“[60] zum Erscheinen der LP; es war auch der erste öffentliche Auftritt der Gruppe mit Wolfgang Flür, der damals mit Schnurrbart noch wirkte wie der Mephisto vom Cloppenburger Stadttheater.

Gelegentlich war auch der Gitarrist und Violinist Klaus Röder mit von der Partie. Auf Platte ist er nur auf dem *Autobahn*-Album zu hören, live trat er jedoch mehrfach mit KRAFTWERK auf. Röder: „Ich spielte in einer kleinen Band. Diese Band trat 1971 bei einem Konzert auf, in dem auch Ralf Hütter mit einer Band spielte. Ralf gefiel wohl meine Art, Gitarre zu spielen und er fragte mich, ob ich bei ihm mitspielen wollte.“[61]

Wer sich anhören möchte, wie KRAFTWERK zu dieser Zeit live klang, hat eine exzellente Möglichkeit dazu: Am 25. Januar 1974 produzierte der Hessische Rundfunk in seinem Sendesaal ein rund einstündiges Konzert der Gruppe, das damals mit Ralf Hütter, Florian Schneider, Klaus Röder und Wolfgang Flür unter dem Titel „Pop und Avantgarde“ stattfand.[62]

Insbesondere die einleitende, fast zeitlupenhaft zelebrierte „Klingklang“-Version inklusive des zugespielten Glockengebimmels lässt einen heute darüber staunen, wie simpel die Live-Musik der Gruppe im Grunde war. Dennoch kann ich aus eigener Anschauung bestätigen, dass KRAFTWERK-Auftritte damals beeindruckende Konzerterlebnisse waren: Ich hatte die Gruppe erstmals live in der „Fabrik“ in Hamburg gesehen (ich meine, es sei 1971 gewesen, sicher bin ich mir aber nicht mehr). Sie trat dort vor wohl etwa 50 oder 60 Zuschauern auf, die Musiker mussten ihre Instrumente noch selbst aufbauen. Im Sommer des folgenden Jahres sah ich KRAFTWERK in einem Jugendzentrum wohl in Höxter, jedenfalls im Weserbergland, wo ich mit meinen Eltern im Urlaub war. Ich habe von beiden Auftritten nur noch einzelne Blitzlichter in Erinnerung. Hätte ich damals geahnt, was aus dieser Band einmal werden würde, dann hätte ich ganz sicher Notizen gemacht und versucht, ein paar Fotos zu schießen (dazu hätte man damals allerdings eine Kamera in den Saal schmuggeln müssen, Smartphones gab es da noch nicht – leider oder glücklicherweise, denn so konzentrierte man sich auf das Bühnengeschehen). Damals jedoch war KRAFTWERK einfach eine von etlichen Deutschrock-Bands, die durch die Lande tingelten, und keiner konnte wissen, wohin das führen würde, auch die KRAFTWERKER selbst wussten es sicher noch nicht. Aber die fast mit Händen zu greifende Spannung, die bei diesen beiden Konzerten entstand, weil alles, was man da hörte, neu und aufregend war: Die spüre ich noch.

Sehr viel deutlicher in Erinnerung geblieben ist mir der Auftritt KRAFTWERKS Ostern 1974 bei einem zweitägigen Deutschrock-Festival in der Hamburger Ernst-Merck-Halle. KRAFTWERK war als Headliner des ersten Tages angekündigt. Weil aber die Veranstalter die Zugaben und Umbaupausen der vorher spielenden Bands unterschätzt hatten, musste das KRAFTWERK-Konzert nach wohl rund einer halben Stunde abgebrochen werden: Zur allgemeinen Überraschung (es war bis dahin nicht die Rede davon gewesen) hatte die Halle um 23 Uhr geräumt zu sein, und so flammte plötzlich das helle Saallicht auf und die Ordner begannen das Publikum aus der Halle zu scheuchen. Noch heute sehe ich Ralfs irritierten Blick vor mir und höre seine fast flehentliche Frage, ob man wohl bitte das Licht wieder ausschalten könne – auch er ging offenbar von einem Irrtum aus, aber es war keiner. KRAFTWERK spielte dann noch einige Minuten für die Putzkolonne weiter, wir standen ziemlich sauer draußen vor einem der Nebeneingänge und hörten zu, bis die Tür geschlossen wurde.

Das Konzert stand von Anfang an unter keinem allzu guten Stern: KRAFTWERK spielte zu dritt (Hütter, Schneider, Flür) und spaltete das Publikum sofort in zwei Lager – die Rock-Fans, die einfach geradeaus gespielten Dampfrock hören wollten, wie ihn etwa KARTHAGO boten, und jene, die neueren Klängen aufgeschlossen gegenübertraten. Die Freunde, mit denen ich dort war, wir wollten KRAFTWERK hören. Die Gruppe war einer der Hauptgründe, weshalb wir das Festival überhaupt besucht hatten.[63] Der größere Teil des Publikums war aber offenkundig von der ersten Note an nicht gewillt, KRAFTWERK zuzuhören, nervte mit ständigen „Ruckzuck"-Rufen, johlte und pfiff, Florians „Atem"-Solo löste Kopfschütteln und Gelächter aus.

Klaus Röder übrigens, obwohl er später auf dem *Autobahn*-Album spielte, war bei diesem Konzert nicht dabei[64]: „Ein Jahr bei KRAFTWERK – das war mehr ein ‚Unfall'", sagt er selbst. „Popmusik wollte und will ich nie spielen, auch nicht, wenn sie gut gemacht ist, was ja bei KRAFTWERK der Fall ist. … Das heißt nicht, dass ich nicht zu meiner Mitarbeit bei KRAFTWERK stehe, aber dort war ich ein Instrumentalist, der vorgegebenes Material mit seinen Instrumenten interpretierte, eher wie ein Mitglied in einem Symphonieorchester."[65]

Wer weiß, ob die Gruppe an diesem Abend auch schon „Autobahn" auf der Setlist gehabt hätte. Das Stück könnte zu diesem Zeitpunkt zumindest fragmentarisch schon existiert haben. Aber es kam nicht dazu.

# AUTOBAHN

Bundesrepublik Deutschland, 1. November 1974, ein Freitag. Ein Abkommen über wirtschaftliche und technische Zusammenarbeit mit Polen wird unterzeichnet, ansonsten nennt man im Journalismus Tage wie diesen „nachrichtenarm". Werner Herzogs Kaspar-Hauser-Film *Jeder für sich und Gott gegen alle* hat Premiere. Die Selbstjustizschmonzette *Ein Mann sieht rot* mit Charles Bronson kommt in die Kinos. Im Fernsehen läuft die Episode „Der Ersatzsohn" aus der Serie *Der Fall von nebenan*. Der Benzinpreis in Deutschland beträgt pro Liter um die 84 Pfennige – gefühlt viel zu hoch für eine autoverrückte Nation, die noch unter den Phantomschmerzen der Ölkrise leidet, durch die sich Ende 1973 die Ölpreise zeitweilig vervierfacht hatten. Zum Trost steht herzerwärmender Schmusesoul an der Spitze sowohl der Singles- wie auch der Album-Charts: *Rock Your Baby* mit George McCrae. In der Berliner Philharmonie spielt das McCoy Tyner Quintet, wohl das Konzertereignis des Tages. In Kraftwerks Heimatstadt Düsseldorf ist das Wetter sonnig mit vereinzelten Schauern bei Temperaturen um 4 Grad, windig.

Und es erschien an diesem Tag, jedenfalls den heute zur Verfügung stehenden Quellen nach zu urteilen, Kraftwerks LP *Autobahn*. Deren Ankündigung allerdings, wenn es denn überhaupt eine gegeben hatte, war völlig an mir vorübergerauscht; ich weiß auch nicht mehr, wann genau mir die Platte in die Hände fiel. Da ich aber die Neueingänge im Plattenladen mindestens wöchentlich unter die Lupe nahm, müsste es nahe am Datum der Auslieferung gewesen sein, wann immer die nun genau war.

*Autobahn* erschien in Deutschland, wie damals üblich, parallel als LP und Cassette; Veröffentlichungen in England, USA und Kanada folgten irgendwann im Dezember, weitere Länder schlossen sich an.

Emil Schult erklärt: „Plötzlich hatten wir das Konzept: ‚Lass uns einen Song darüber machen, wie man auf der Autobahn fährt.‘ Ralf hat mich ausdrücklich darum gebeten, dass ich einen Text schreiben sollte, und ich habe ihn geschrieben, ehrlich gesagt, habe ich genau einen Tag dafür gebraucht. Ich habe ihnen den Text gebracht, Ralf hat ihn überarbeitet und einiges korrigiert, und er war singbar, so wurde daraus ein Song."[66]

Auf dem Label der LP wird Schult nicht als Co-Texter genannt, nur auf dem Cover taucht sein Name auf. Was zeigt, dass man sich auf die Angaben auf Platten nicht unbedingt verlassen kann – sie werden manchmal entweder sehr willkürlich, falsch, unter Pseudonym oder eben gar nicht gesetzt. Das kann vertragsrechtliche Gründe haben (der Komponist/Musiker ist an ein anderes Label oder einen anderen Verlag gebunden); manchmal möchte jemand zeigen, wer Herr im Haus ist (so etwa David Byrne, der die Songwriting-Credits auf dem TALKING-HEADS-Album *Remain in Light*, die nach ursprünglicher Absprache einzeln namensalphabetisch aufgeführt werden sollten, ziemlich dreist in „All Songs By David Byrne, Brian Eno, TALKING HEADS" ändern ließ[67]); nicht selten ist der Grund aber auch schlicht Zerstreutheit oder eine dringende Kaffeepause des Setzers, der die Druckvorlage fürs Label tippt. Im Zweifel ist maßgebend, was bei der zuständigen Copyrightgesellschaft gemeldet ist: Bei der deutschen GEMA findet man für „Autobahn" als Komponisten Ralf Hütter und Florian Schneider-Esleben, als Textdichter Ralf Hütter, Florian Schneider-Esleben und Emil Schult.[68]

Es war nicht so, dass die LP sofort „eingeschlagen" wäre. Aber so unauffällig sie sich zunächst auch präsentierte, so stellte sich später heraus, dass KRAFTWERK mit *Autobahn* ein Ausnahme-Album gelungen war, das die Musiklandschaft nicht nur in Deutschland veränderte.

Was hatte man nach dem Kauf in der Hand? Ein Standardcover, nichts zum Aufklappen, eine einfache, weiße Innenhülle, kein beigelegtes Poster, keine beigelegten Aufkleber. Auf der LP fanden sich die folgenden Titel:

A1: Autobahn (22:40)
B1: Kometenmelodie 1 (6:20)
B2: Kometenmelodie 2 (5:44)
B3: Mitternacht (3:40)
B4: Morgenspaziergang (4:00)[69]

Als Musiker sind pauschal Ralf Hütter (Vocals, Electronics), Florian Schneider (Vocals, Electronics), Klaus Röder (Violin, Guitar) und Wolfgang Flür (Percussion) angegeben.

Erst die Wiederveröffentlichung von 2009 ordnet Roeder und Flür konkreten Stücken zu (Roeder → „Mitternacht“, Flür → „Kometenmelodie 2“).

Als erstes fällt natürlich das Cover ins Auge.[70] Einen Pylon gibt es hier nicht mehr, sehr wohl aber Straßenverkehr: Man sieht aus einem Auto heraus einen Autobahnabschnitt mit gülden strahlendem Sonnenaufgang, vor uns in Fahrtrichtung ein weißer VW-Käfer (der entweder Ralf Hütters Käfer ist oder doch wenigstens an ihn erinnern soll), auf der Gegenfahrbahn entgegenkommend ein schwarzer Mercedes (der könnte sich auf Florian Schneiders Auto beziehen, auch wenn Florian offensichtlich nicht die Person ist, die man hinter dem Lenkrad erkennen kann), im Hintergrund eine Brücke, ein paar sanfte Hügel, ein Hochspannungsmast und ein Funkturm, die ansonsten fast gespenstisch autofreie Autobahn verliert sich im Horizont. Über allem steht ein blauer Himmel mit einer weißen Wolke und einem Kondensstreifen, in der Ferne steigt ein Flugzeug auf.

Das Bild stammt von Emil Schult, ist entstanden 1974, im Original ein Ölgemälde auf Leinwand im Format 200 x 200 cm, betitelt natürlich „Autobahn“.[71] Landschaftsgemälde mit Sonnenaufgang findet man dutzendfach, die entfernte Ähnlichkeit dieses Bildmotivs mit dem einer Briefmarke der Deutschen Reichspost von 1936 dürfte daher ebenso zufällig sein wie jene mit Max Pechsteins Gemälde „Aufgehende Sonne“ von 1933.

Im Jahr 1977 hat Schult eine fünfteilige Comic-Version (Airbrush auf Pappe) seines Motivs angefertigt.[72] Viel später, 2007, ließ er für eine Ausstellung eine Art Replik des Originalgemäldes als Hinterglasmalerei im Format

80 × 150 cm folgen, 2009 kam dann noch ein motivisch leicht verändertes Hinterglasbild namens „Flautobahn" hinzu, bei dem die beiden Autos durch fliegende Phantasiefahrzeuge ersetzt wurden.[73]

## WIRTSCHAFTSWUNDER

Das Original-Coverbild vermittelt gleichermaßen eine Art „Technik-Romantik" wie auch einen augenzwinkernden Verweis auf die Zeit des bereits ein wenig zurückliegenden deutschen Wirtschaftswunders der 1960er Jahre. Von den Mittfünfzigern bis hinein in die späten Sechziger erlebte Deutschland seine stolzen Jahre, in denen die Konjunktur zeitweilig durch die Decke ging und noch bis in die frühen Siebziger hinein stabil blieb. Viele sahen ganz speziell die Autoindustrie als den wahren Motor des deutschen Wirtschaftswunders an. In vielen Städten ersetzte man die Straßenbahn durch Busse, riss die Oberleitungen ab und die Schienen heraus, man richtete die Infrastruktur an den Bedürfnissen des Autos aus – worüber man sich spätestens Ende der 1990er Jahre in so manchem Rathaus in den Allerwertesten biss, aber anscheinend muss der Schaden immer erst angerichtet werden. Das Autobahnnetz wurde modernisiert und ständig ausgebaut; man sah das damals weitherum trotz bereits spürbar zunehmender Überlastung der Straßen noch als gut und richtig an. (Und das, obwohl die klügeren Köpfe in den Stadtplanungsämtern schon damals beobachtet haben werden, dass mehr Straßenbau die Verkehrssituation nicht beruhigt, sondern im Gegenteil weiteren Verkehr anzieht.) Im Umfeld der Städte entstanden regelrechte Angestellten-Schlafdörfer, auch die „schmutzige" Industrie wurde ins Umland abgedrängt, es entstanden die sogenannten „Speckgürtel" um die Städte herum. Für die immer zahlreicher werdenden Pendler wurde ein gut ausgebautes Straßennetz benötigt; stand die Entscheidung an, ob Grünanlagen oder Parkplätze gebaut werden sollten, entschied man sich durchweg für letzteres; als Maßstab für die Lebensqualität wurde eher der Benzin- als der Brotpreis angesehen. Die Autoindustrie war fraglos einer der wichtigsten Industriezweige im Land. Vielleicht ist es daher nicht erstaunlich, dass es ihr in den Spätsechzigern gelungen ist, den Deutschen den Mythos in den Kopf zu pflanzen, jeder siebte Arbeitsplatz in Deutschland sei direkt oder indirekt vom Auto abhängig. Das allerdings war nun bei allem Stolz auf die Automobilbranche nichts weiter als eine unausgesprochene Drohung; was damit signalisiert werden sollte, hieß im Klartext: Kommt uns ja nicht mit Forderungen, die unsere Gewinnmargen schmälern. Mit Arbeitsplatzverlusten zu drohen ist ein Rezept, das noch heute zuverlässig funktioniert. Nach realistischeren Definitionen war schon damals nur etwa jeder 35. Arbeitsplatz „direkt oder indirekt", was immer das überhaupt heißen mochte, mit der Autoindustrie verbunden, und selbst dafür musste schon alles mitgezählt werden, was nicht bei Drei auf den Bäumen war – also nicht nur zum Beispiel die Hersteller von Bremsbelägen oder Sitzpolstern, sondern auch der Metzger, der die BMW-Kantine mit Würstchen belieferte.[74]

Natürlich konnte der konjunkturelle Höhenflug nicht endlos so weitergehen. KRAFTWERKS *Autobahn* fiel deshalb in eine Zeit, in der nach der überhitzten Konjunktur der mittleren und späten 1960er Jahre erkennbar eine wirtschaftliche Abkühlung in Deutschland einzog. Die Stimmung des *Autobahn*-Coverbildes verwies also bereits auf eine Ära, die beim Erscheinen der Platte schon in der Vergangenheit lag; die Darstellung vermittelte – wie musikalisch bereits *Ralf & Florian* – einen Hauch von behaglicher Nostalgie. Die Illustration simulierte *noch* den Fortschrittsgedanken der Wirtschaftswunderjahre, konnte aber *auch schon* als Blick in eine Zukunft interpretiert werden, die der Autoindustrie zwar gut hätte gefallen können, die aber zu diesem Zeitpunkt bereits nicht mehr realistisch war: Wer wollte, konnte 1974 durchaus schon erkennen, dass die weitere Entwicklung des Individualverkehrs nicht so glatt würde weiterlaufen können wie bis dahin. Dass allerdings irgendwann sogar das benzingetriebene Auto als solches in die Schusslinie geraten könnte, das haben sich damals nur wenige vorstellen können.

In den weiteren Jahren entwickelten sich Retrotopien dieser Art zu einem Spiel, das die KRAFTWERKER meisterlich beherrschten und bedienten – manchmal, wie hier, sogar mit einem Schuss Humor, und das war selten in der deutschen Rockszene.

Das Cover zeigt, ergänzend zu dem originalen Ölgemälde, am unteren Rand ein Armaturenbrett mit Lenkrad, verschiedenen geheimnisvollen Anzeigeinstrumenten und einem Autoradio, links hat sich Emil Schult mit Signatur und einem kleinen gerahmten Foto auch selbst verewigt. Und es gibt einen Rückspiegel: Der zeigt korrekt spiegelverkehrt das, was man auf der Coverrückseite als schwarzweißes Großfoto sieht: die auf der Rückbank sitzenden Ralf Hütter, Florian Schneider, Klaus Röder und Wolfgang Flür, frisuren- und kleidungstechnisch noch „very seventies". Dass der Kopf Wolfgang Flürs auf den zweiten Blick ein wenig überdimensional wirkt, liegt daran, dass in Wirklichkeit Emil Schult dort sitzt und man Wolfgangs Kopf über den seinen geklebt hat. Auch Ralf Hütters Haaransatz am Ohr wirkt (schlecht) retuschiert. (Die Wiederveröffentlichung von 2009 zeigt den originalen Emil Schult, auch die Retusche ist verschwunden.) Aus dem Rückfenster blickt man auf die (wiederum gemalte) Autobahn.

Über dem Foto steht die Titelliste, der „Autobahn"-Songtext und die Credits der LP sowie das Logo des Kling-Klang-Verlages – denn KRAFTWERK hatte einen eigenen Musikverlag gegründet; erstmals hatte man diesen Namen auf dem Rückcover von *Ralf & Florian* gesehen.

Warum ein eigener Musikverlag? Die Aufgabe eines solchen (bitte nicht verwechseln mit einer Plattenfirma) ist die Verwaltung der Urheberrechte an der Komposition und dem Text eines Musikwerkes. Jedesmal, wenn ein Werk öffentlich gespielt oder gecovert wird (egal, von wem), werden für Komponisten und Texter Tantiemen fällig. Diese werden von der GEMA gesammelt und zu 60 Prozent an Komponist und Texter einerseits und zu 40 Prozent an den Musikverlag andererseits ausgeschüttet. Einer Band etwa, die ihr Repertoire selbst schreibt, fließen nur dann 100 Prozent der Tantiemen zu, wenn sie ihre Kompositionen und Texte auch selbst verlegt. Das Problem: Im Regelfall hatten deutsche Pop- und Rock-Urheber kaum eine Chance, sich mit solchen Wünschen gegenüber den Plattenfirmen durchzusetzen. Diese nämlich betrieben fast immer selbst mindestens einen Musikverlag und bestanden darauf, dass die Komponisten und Texter sich einem davon anschließen. Im Fall von kleinen Indie-Labels muss man der Fairness halber auch erwähnen, dass sie auf die Einnahmen aus den Verlagsrechten meist dringend angewiesen sind. – Die Kompositionen ihres ersten Albums waren noch im Phonogram-assoziierten Capriccio-Musikverlag erschienen, die des zweiten aus den bekannten Gründen in der Ralf-Arnie-Musikedition, doch mit *Ralf & Florian* hatten Hütter und Schneider Durchsetzungsvermögen genug, um ihren eigenen Kling-Klang-Musikverlag zu etablieren. Der WDR-Journalist und Szenekenner Winfrid Trenkler bestätigt: „Die Plattenfirma hatte bei KRAFTWERK nie einen Piep zu sagen. Und ein Management gab es bei denen sowieso nicht, die haben immer alles selbst gemacht, und konnten das auch.“[75]

Oben auf dem deutschen Cover steht in weißer „Futura“-Typographie nebeneinander in einer Zeile „Kraftwerk Autobahn“; in der ersten Auflage fand sich links oben zusätzlich ein Aufkleber mit dem blauen Autobahn-Straßenschild (letzterer fehlte bei den Auslandspressungen). Die „Futura“, eine 1927 im Geiste der damals angesagten Bauhaus-Ästhetik entworfene Schriftart, blieb für eine Weile KRAFTWERKS Hausschrift.

Es mag seltsam klingen, aber selbst das Philips-Label auf der Platte spielte eine Rolle: Es war tiefblau mit schnörkelloser, silberner Schrift. Hielt man die Platte in den Händen, strahlte dieses Label einen Hauch von Seriosität und Ernsthaftigkeit aus. Die US-Pressung der Platte erschien wie schon ihr Vorgänger wiederum auf Vertigo. Dessen Label auf der Platte, das „Spaceship"-Logo, das 1973 Vertigos berühmtes „Swirl"-Logo abgelöst hatte, lehnte sich an die surrealen Landschaften Roger Deans an: eine gezeichnete Bergszenerie mit zwei Flugobjekten, die anscheinend Blitze oder etwas ähnliches in Richtung Boden feuern.

Auf der US-Pressung des Albums fehlte das Kling-Klang-Logo; der Musikverlag dort war Intersong USA, der zur Warner/Chappell-Gruppe gehörte. Statt der „Futura" auf dem Frontcover wurde eine Schrift verwendet, die ein wenig in Richtung Jugendstil wies, Band und Titel waren zweizeilig dargestellt, der Bandname weiß, der Titel schwarz. Der „Autobahn"-Songtext auf dem Rückcover erschien im deutschen Original, zusätzlich aber auch in englischer Übersetzung. Die Innenhülle enthielt neben Werbung für andere Vertigo-Platten auch einen Text, der unter der Überschrift: „Buyers Bulletin: Tape Piracy ... Everyone's Problem"[76] länglich darstellte, welche wirtschaftsfeindlichen Folgen die Produktpiraterie und illegales Kopieren habe und woran man gefälschte Platten erkennen könne – ein Problem, das damals der Industrie offensichtlich Kopfschmerzen bereitete. Die originale deutsche Pressung steckte dagegen in einer schlichten, weißen Innenhülle ohne Werbung.

In England, Australien und Brasilien erschien die LP bei ansonsten gleichen Angaben mit einem anderen Cover: Es zeigt flächenfüllend das blaue deutsche „Autobahn“-Straßenschild, wobei man (absichtlich oder nicht) außen vor ließ, dass das Schild gar nicht überall auf der Welt blau, sondern – etwa in Österreich, der Schweiz, auf den US-Free- oder Highways, aber auch in Australien – grün ist. Andererseits ist der Begriff „Autobahn“ international so bekannt, dass immer klar war, was gemeint ist. Die für Bandnamen und Titel verwendete Schrifttype nennt sich „Tabasco“.

## STÜCK FÜR STÜCK

*Autobahn* ist das erste Konzeptalbum KRAFTWERKS. Andere mögen es anders empfinden, aber ich habe es schon beim ersten Hören so wahrgenommen, dass hier eine zusammenhängende Geschichte erzählt wird. In meiner Vorstellung schildert die Platte eine Art Tagesablauf von morgens bis morgens, angefangen auf Seite 1 mit dem morgendlichen Start eines Ausfluges oder einer Reise bis in die einbrechende Dunkelheit hinein. Auf Seite 2 setzt sich der Ablauf fort, neblig zunächst, dann mit klarem Sternenhimmel. Es folgt eine unheimliche Mitternachtsstimmung, und am Schluss steht ein Spaziergang am Morgen.

Hans Lampe, seinerzeit Conny Planks Studioassistent: „Conny hatte damals bereits mobiles Studioequipment, wir hatten das ja so gebaut, dass er das Mischpult und die Mehrspurmaschine mitnehmen konnte, alles passte in einen VW-Bus hinein.[77] … Die Aufnahmen zur *Autobahn* sind im Kling Klang Studio auf diesem mobilen Equipment entstanden. Zum Mischen sind Ralf und Florian dann aber in sein Studio gekommen."[78]

Das Titelstück füllt die gesamte Seite 1 und ist das bis dahin längste Stück der Gruppe. „Autobahn" ist, anders als die aus der Improvisation entstandenen früheren Stücke, im Laufe mehrerer Monate von Anfang bis Ende auskomponiert und zusammengefügt worden. Wie schon die langen Stücke der vorherigen Alben kann man auch „Autobahn" wieder als eine suitenartig angelegte Abfolge einzelner Bausteine hören, die allerdings dramaturgisch geschickter kombiniert ist – mit ein wenig Fantasie könnte man auch sagen, dass sich „Autobahn" in der Tradition einer „sinfonischen Dichtung" bewegt.

Wie bei solchen Produktionen üblich, ist das Stück nicht in einem Durchgang aufgenommen worden, sondern in mehreren Sessions, die später zusammenmontiert wurden. Es wäre anders gar nicht möglich gewesen. Conny Plank konnte mit seiner mobilen Einheit eine 16-Spur-Aufnahme anbieten, und man darf annehmen, dass auf diesen Bändern noch weitere Extras und Mehrfachausfertigungen zur Auswahl aufgenommen worden sind, die in der End-Abmischung verworfen wurden. Deswegen kann auch heute niemand außer den unmittelbar Beteiligten mehr mit Bestimmtheit sagen, wer auf „Autobahn" eigentlich die elektronische Percussion spielt, die auf dem Master zu hören ist – Wolfgang Flür, Ralf, Florian, Mister X, Bandschleifen oder ein Sequenzer? Auf den 16 Spuren werden mehrere Einspielungen in verschiedenen Variationen zur

Wahl gestanden haben; man kann nicht einmal ausschließen, dass mehrere parallel verwendet wurden. In US-Studios waren solche Vorgehensweisen nicht unüblich: Donald Fagen und Walter Becker beispielsweise, die Masterminds der US-Band STEELY DAN, haben für ein 25-sekündiges Gitarrensolo in „Peg“ (vom Album *Aja*) nicht weniger als acht Gitarristen antraben lassen, die jeweils mehrere Stunden lang an optimalen Soli feilten. Alle waren dann parallel auf dem Multispurband versammelt. Am Ende haben Fagen und Becker das Solo von Jay Graydon ausgewählt, die anderen fielen unter den Tisch (alle teilnehmenden Gitarristen sind allerdings für die Session bezahlt worden).[79]

Solche Verfahrensweisen kannte natürlich auch Conny Plank – und Perfektionisten waren Ralf und Florian schon damals. Hans Lampe jedenfalls sagt quasi im Nebensatz: „Etwas befremdlich war ‚Autobahn‘ auf alle Fälle, aufgrund seiner vollelektronischen Soundcollagen und dem Klang dieses elektrischen Schlagzeugs, *das Wolfgang von Hand dazu einspielte* [Hervorhebung von mir; jr].“[80] Über die Frage, wer die elektronische Percussion in „Autobahn“ spielt, kam es zu unterschiedlichen, einander widersprechenden Darstellungen, die letztlich vor dem Richter endeten.[81] Wenn sich Lampe richtig erinnert, müsste Flür wohl gespielt haben. Aber wir wissen es nicht. Und selbst, wenn er gespielt hat, muss das nicht bedeuten, dass man seine Einspielung in der finalen Version tatsächlich hört. Sicher sagen könnte das heute nur noch, wer damals dabei war oder das 16-Spur-Band mit den dazugehörigen Tracksheets besitzt.[82]

Das Titelstück zerfällt in drei Sektionen (oder, wenn man so will: Sätze mit Zwischenspielen).

## I.

0:00 **Intro** mit viermaligem Vocoderwort „Au-to-baaahn", das E-Piano imitiert eine Hupe. Das startende und von rechts ins Hörfeld einfahrende Auto ist unüberhörbar ein VW, aber nicht, wie etwa das „Uncut"-Sonderheft behauptet und man auch anderenorts oft liest, „sampled from Hütter's own VW"[83]. Der Klang kommt von einer Geräusch-LP, auf der etliche Bahn-, Auto- und andere Geräusche zu finden sind; gedacht waren Platten dieser Art zur Vertonung von Amateurfilmen oder Diaserien. Der identische VW-Start ist beispielsweise auch auf mehreren Platten (beziehungsweise Cassetten) aus der Hörspielreihe *Die drei Fragezeichen* des Europa-Labels zu hören, so etwa in „Die drei ??? und der Teufelsberg"[84]. (Man darf annehmen, dass auch der einfahrende Zug am Ende von „Trans Europa Express" (1977) von einer vergleichbaren Platte stammt; wer sehr genau hinhört, bemerkt in den ersten Pressungen der LP sogar ein leises Plattenknistern, das von der Geräuschplatte kommt.)

2:03 **Gesangsstrophe A,** von Ralf Hütter und Florian Schneider gesungen. Heute gehört, ist es auffällig (wenn auch nicht verwunderlich), wie jung diese Stimmen noch klingen. Ich mag mich im Übrigen täuschen, hatte aber schon immer den Eindruck, dass sich ein Versprecher (bzw. Versinger) eingeschlichen hat: „Vor uns *zieht* ein weites Tal", und man hat den Fehler aus Bequemlichkeit stehen lassen. Signalwirkung hat offenkundig die Vokalharmonie auf der dritten Silbe von „Glitzerstrahl", denn sie erinnerte nicht nur einige Hörer, sondern auch Kritiker an den Harmoniegesangsstil der BEACH BOYS. Hans-Joachim Krüger in „Sounds": „Das tönt, weil in etwa harmoniegleich, ein bisschen nach BEACHBOYS. Aber große Ambitionen waren damit ohnehin wohl (noch?) nicht verbunden. Erläuternd sollten die spärlicheingeblendeten Gesangsparts wirken, und das tun sie dann auch."[85]

3:20 Der sonnige **Instrumentalpart 1** mit Querflöte und Gitarre schließt sich an. Eine einfache Melodie, die sofort ins Ohr geht.

**II.**

6:39 **Gesangsstrophe B.**

8:16 **Instrumentalpart 2:** In meinem Kopf stehen wir jetzt auf einem Parkplatz, der Verkehr rauscht von links und rechts vorbei. Die Motorengeräusche werden mit dem Synthesizer imitiert. Wolfgang Flür: „Bei ‚Autobahn' wurde per Minimoog ewig an den Motorensounds und Windgeräuschen herumgeschraubt, die nachher ziemlich echt klangen. ... Später hat Plank das in seinem gerade fertig gezimmerten Tonstudio gemixt."[86] Eberhard Kranemann: „Aus meiner Sicht hat Conny denen den Umgang mit den elektronischen Sachen erst beigebracht."[87] Tatsächlich war es wohl nicht der Minimoog, sondern Florians EMS-Synthesizer, der für die Autogeräusche verwendet wurde, jedenfalls ist das mein Höreindruck, und wirklich „echt" klingen die Sounds auch nicht – genau das ist eigentlich ihr Witz. Mit dem E-Piano werden zudem auch hier wieder Hupen imitiert (wir kennen das bereits vom Intro), die Klänge werden im Stereopanorama hin- und hergejagt, mit dem Pitch-Bend-Rad am Synthesizer oder mit Änderungen der Aufnahmegeschwindigkeit des Tonbandes wird der beim Vorbeifahren der Autos auftretende Dopplereffekt nachgeahmt. Aus dem Vocoder kommt wiederum das vom Anfang bekannte Wort „Au-to-baaahn".

**11:38** **Instrumentalpart 3:** Aus den synthetischen Autosounds schält sich eine auf dem Minimoog gespielte Melodie heraus, die mit einem Portamento-Effekt versehen ist (das heißt, die Töne gehen gleitend ineinander über) – soll es der Motor selbst sein, der hier singt?

**13:17** **Gesangsstrophe C,** übergehend in ...

**14:18** ... den Song, wie er sich aus dem Autoradio kommend parodistisch selbst zitiert, mit Vocoder, beschleunigt und mit De-Essing[88] behandelt, um den typischen Klang eines Autoradios während der Fahrt zu erzeugen. Wer als Kind längere Autobahnfahrten durchlebt oder durchlitten hat, kennt das: Rhythmisiert durch die Straße und die Gleichförmigkeit der Motor- und Reifengeräusche summt man mit, man synchronisiert sich auf den Klang der Straße und der Reifen, man singt irgendwelche sich ständig wiederholenden Nonsens-Worte vor sich hin und gerät halb in eine Traumlandschaft. Insbesondere der Straßenbelag auf älteren Autobahnabschnitten produziert einen Rhythmus, der dem einer fahrenden Eisenbahn nicht unähnlich ist. „Autobahn" weckt mehrfach die Erinnerung an solche Momente.

### III.

15:58 **Gesangsstrophe D,** langsam, verhalten, zweistimmig. Draußen wird es allmählich dunkel.

16:51 Hypnotische Nachtfahrt, **Instrumentalpart 4:** Die jetzt schnelle und monoton durchgehaltene Percussion erinnert an vorbeiflitzende Begrenzungspfosten oder die weißen Streifen auf der Fahrbahn im Scheinwerferlicht; **Gesangsstrophe E.**

21:58 **Gesangsstrophe F,** Übergang ins Finale.

22:40 **Ende** ohne Fade-Out.

Die zweite Seite des Albums hat einen deutlich anderen Grundklang als die Seite 1; sie ist hörbar einfacher strukturiert und instrumentiert und steht damit recht deutlich in der Nachbarschaft von *Ralf & Florian*. Die beiden „Kometenmelodien", mit denen die Seite 2 beginnt, gehen ineinander über. Sie wurden vollständig in Connys Studio aufgenommen und sind Variationen einer Single, die 1973 anlässlich des Erscheinens des Kometen Kohoutek veröffentlicht worden war, seinerzeit unter den Titeln „Kohoutek Kometenmelodie, Version 1 bzw. 2". Irgendwelche Hiterfolge waren der Scheibe nicht beschieden. Nun tauchen die beiden Stücke als Neueinspielungen hier wieder auf. „Kometenmelodie 1" kommt langsam und mit tastender, stark verhallter elektronischer Bassdrum daher, der aus dem Minimoog stammende Sound der Melodiestimme ist mit einem zischelnden Klang unterlegt, der eine nebelhafte, wolkenverhangene Nachtstimmung erzeugt.

In der „Kometenmelodie 2" wiederholt sich die (wesentlich aus Arpeggios bestehende) Melodie, nun aber mit schnellerem Tempo, unterlegt mit einer Bass-Sequenz und Elektronikdrums (die, von allen Seiten unbestritten, in diesem Stück von Wolfgang Flür gespielt werden; die Angaben in der *Katalog*-Ausgabe von 2009 bestätigen dies zusätzlich). Die Melodiestimme hat etwas Strahlendes, Flirrendes an sich: Die Wolken verziehen sich, und ein klarer, funkelnder Sternenhimmel steht über uns – und mitten darin prangt Kohoutek, so sich das Stück noch auf ihn bezieht. (Und so groß, wie der Komet hier klingt, war er in Wirklichkeit gar nicht zu sehen. Macht aber nichts.) Es gibt unterschiedliche Ansichten darüber, woher der Klang dieser

Melodiestimme kommt: aus dem Minimoog, oder war es Florian, der seine Querflöte spielte, um mit ihr und einem sogenannten Pitch-to-Voltage-Konverter einen Synthesizer anzusteuern, oder hören wir hier einen ARP Odyssey-Synthesizer? Die Härte des Klanges deutet auf letzteren hin, wenngleich KRAFTWERK dieses Instrument noch gar nicht besaß – Conny Plank allerdings hatte bereits ein Exemplar. – Ich, für meinen Teil, tippe auf den Odyssey als Basissound, allerdings sind Klangbestimmungen dieser Art immer schwierig, weil jeder Klang auch immer noch mit Effektgeräten nachbearbeitet sein kann, auch wäre eine „Layer" genannte Überlagerung mehrerer Instrumente vorstellbar. Im Studio ist sehr vieles möglich, mit einem Zauberer wie Conny Plank zumal.

Die Stimmung verdüstert sich in „Mitternacht". Pochende Schritte bilden den Grundrhythmus[89] (hier würde ich wieder auf den EMS als Quelle tippen; der ist wie gemacht für Effekte dieser Art). Eine sich ständig wiederholende Basslinie mit einem durch Filter zerhackten Rauschen erzeugt eine geheimnisvolle Stimmung, Klaus Röder schrubbt dazu auf der Geige verzerrte Klänge. Das Ganze erinnert an die Filmmusiken billiger Horrorfilme der 1950er Jahre; man wartet auf das Erscheinen der ersten Aliens, aber es kommen keine – dafür ist das Stück dann doch nicht unheimlich genug. Für die Geisterbahn würde es reichen.

Dann aber geht die Sonne auf, wir unternehmen einen „Morgenspaziergang". Ein elektronischer Bach murmelt vor sich hin, die elektronischen Vögel zwitschern, dass es eine Freude ist, Florian bläst die Blockflöte, Ralf spielt das Klavier, und eine E-Gitarre tut, als sei sie eine Harfe. Die Melodie ist als Kanon angelegt und ähnelt sehr dem ersten Instrumentalpart des Titelstücks. Damit – man darf wohl annehmen, dass die Ähnlichkeit kein Zufall ist – bildet der „Morgenspaziergang" eine Brücke zurück zum Beginn der Platte, womit der Kreis geschlossen ist.

## AKUSTISCHES STORYTELLING

Das ist *Autobahn*. Verglichen mit der technischen Raffinesse des Titelstücks fällt die relative Einfachheit der Seite 2 auf. Nicht minder auffällig in allen Stücken ist die fast kinderliedhafte Simplizität der Melodien, die Songs stehen weitestgehend in Dur, Jazzharmonien, Dissonanzen, Blue Notes etc. sind nicht zu hören – denn, wie Karl Bartos mit einem leicht süffisanten Unterton anmerkt, „eine virtuose Spieltechnik, die vielen Keyboardern der Prog-Rock-Ära zum Verhängnis wurde, stand [Ralf Hütter] nicht im Weg."[90]

Musikalisch gesehen hat Karl Bartos recht. Und doch ist *Autobahn* nicht weniger als ein Geniestreich. Denn es kommt ja nicht nur auf das Was an, sondern auch auf das Wie. Und da stand Kraftwerk 1974 konkurrenzlos da. Kann aber durchaus sein, dass sie das selbst noch nicht erkannten. Hans Lampe: „Beim Mischen dachte ich schon: ‚Okay, stimmiges Konzept, cooles Ding, Hut ab!' … Aber da lag jetzt nicht das Feeling in der Luft: ‚Oha, das ist ein historischer Moment! Was wir hier gerade mischen, ist ein Meilenstein der Musikgeschichte.'"[91]

Die ersten beiden KRAFTWERK-Alben schwammen noch in Berlin-ähnlichen Gewässern, waren durch den Schlagzeugeinsatz teilweise allerdings rockiger und rhythmischer. Ein Stück wie „Ruckzuck“ hatte sogar Disko-Qualitäten. Aber auf demselben Album gab es auch ein Stück wie „Megaherz“[92] (das ich zunächst seltsam fand, das aber nach einer Weile mein Favorit auf der Platte wurde, wohl aufgrund seiner klangmalerischen Qualitäten) oder die etwas konturenlosen, dissonanten Klangkaskaden im einleitenden Teil von „Stratovarius“ – die hätten durchaus nach Berlin gepasst.

Hört man die KRAFTWERK-LPs aber in chronologischer Reihenfolge, dann ist unüberhörbar, dass bei dieser Gruppe der Hase sich schon früh in eine andere Richtung zu orientieren begann als die Berliner Bands, aber auch in eine andere als Jean-Michel Jarre. Wo in Berlin die kosmischen Nebel waberten und bei Jarre die Züge dekorativ, aber inhaltslos in der Kurve quietschten, da wurde KRAFTWERK konkret. Aber anders als bei Jarre ist bei KRAFTWERK nicht nur der Klang konkret, sondern auch der Inhalt. Die Gruppe, so kann man es vielleicht sagen, nahm sich alltägliche Themen vor und bearbeitete sie musikalisch. Wenn bei ihr ein Stück „Vom Himmel hoch“ heißt, dann kommt kein Weihnachtslied, sondern es geht um Flugzeuge – um genau zu sein: um Flugzeugsounds, Sirenensignale (Luftangriff und Entwarnung) und Bombenexplosionen. Diese sind nicht nur eindeutig zu identifizieren, sondern stehen auch in einem dramaturgischen Zusammenhang. Fast könnten sie der Soundtrack eines Kriegsfilms sein. Mir war dieses Stück immer zu sehr mit dem Hammer auf den Daumen gehauen, aber es war sicherlich das Stück auf der Platte, das einem vertonten Comic am nächsten kam. War *Kraftwerk 2* vielleicht noch ein wenig richtungslos – obwohl ein Stück wie „Atem“ schon genau den Klang präsentierte, den der Titel angab, und wo es „Klingklang“ hieß, da ertönte eben Klingklang –, so war spätestens mit *Ralf & Florian* eine klare, alltagsbezogene Vorstellungsebene erreicht: „In Düsseldorf am Rhein klingt es bald“, hieß der „Musicomic“, der mit dem Album kam, und die Platte visualisierte das, was man darauf sah – oder umgekehrt, der Comic visualisierte, was auf der Platte zu hören war.

Jarre dagegen verwendete konkrete Klänge als Dekor, ohne mit ihnen eine Geschichte erzählen zu wollen. Und das genau unterscheidet ihn von KRAFTWERK. Schon das *Autobahn*-Cover setzt optisch das um, was auf der Platte zu hören ist. Von diesem Album an kann man in jeder der folgenden KRAFTWERK-Platten eine Art loses Grundthema erkennen, das durch den Plattentitel angedeutet und mit der Covergestaltung auch optisch an den Hörer gebracht wurde. Die Stücke waren dann, von wenigen Ausreißern abgesehen, mehr oder weniger eng um die Grundthemen herumgestrickt und boten wenig Interpretationsspielraum.

Damit entwickelte KRAFTWERK ein Merkmal, das der Gruppe bis heute geblieben ist. Es ist eine modifizierte Variante dessen, was der Literaturwissenschaftler Moritz Baßler als *Populären Realismus* beschreibt.[93] Baßler bezieht seine These zwar auf Buch-Bestseller und populäre Filme, aber das Konzept lässt sich ebenso gut auf Popmusik anwenden: „Eine Textur, … die sich selbst sozusagen unsichtbar macht und … uns direkt auf die Ebene befördert, auf die es hier ankommt – die Ebene der Story.“[94]

Was ist damit gemeint? Karlheinz Stockhausen, der Übervater der elektronischen Musik, hatte einst die Forderung aufgestellt, diese habe „assoziationsfrei" zu sein, sie dürfe also nicht an herkömmliche Klänge erinnern. Das ergibt Sinn: Wer Musikinstrumente mit dem Synthesizer imitiert, täte eigentlich besser daran, diese im Original zu nehmen, und die Musique concrète war ausgereift genug, um sonstige konkrete Klänge in Musikwerke einzubauen oder sie selbst zu Musik werden zu lassen. Klaus Schulze bestätigt Stockhausens Ansicht indirekt: „Nach Jimi Hendrix ist auf der Gitarre nichts mehr zu machen. Nicht in seiner Art. Man muss einen neuen Ansatz wählen. Wenn ich ein herkömmliches Instrument benutze, dann schwingt sofort seine ganze Tradition mit. Seine übliche Funktion. Mit der Elektronik kann ich denselben Ton erzeugen, ohne dass diese Tradition mit hochkommt."[95]

Anders bei KRAFTWERK. Hört man deren Musik, wird man spätestens ab *Autobahn* nicht mehr darüber im Unklaren gelassen, worum es geht. Die Musik ist nicht assoziationsfrei, sondern ruft konkrete Assoziationen mit voller Absicht hervor. Nichts wird versteckt oder verklausuliert, alle Karten liegen offen auf dem Tisch. Das ist akustisches Storytelling: „Wir erfinden Geschichten und illustrieren sie mit Musik"[96], sagt Ralf Hütter, und in der Tat lässt sich das Konzept der Gruppe kaum treffender auf den Punkt bringen. Hütter: „Unser Gedanke ist, das so radikal wie möglich zu verwirklichen. Wenn unsere Musik nicht ihre Wurzeln im wirklichen Lebensstil hat, ist alles nur Stammtischunterhaltung. ... Ich bin hier und erlebe alles voll. Mittendrin. Wir bauen keine Tabus auf. Wir leben in einer Computerwelt, also machen wir ein Lied darauf."[97]

Jeder kennt die Themen, jeder kann mitreden. Selbst KRAFTWERKS vielleicht utopischstes Album *Computerwelt* (1981) bezieht sich auf Themenfelder, die zumindest von Technik- und Wissenschaftsinteressierten bereits als „fast schon Alltag" wahrgenommen werden konnten. KRAFTWERK nutzt bekannte Klänge und musikalische Strukturen, damit jeder seine eigene Vorstellung entwickeln kann – aber das Thema, an dem diese Vorstellung andocken soll, ist eines, das klar umgrenzt ist und von dem die meisten schon gehört haben werden. Die Musik KRAFTWERKS funktioniert voraussetzungslos. Um nochmals kurz Herrn Baßler zu bemühen, dessen eigentlich auf Buch-Bestseller bezogene Aussage wiederum auch hier stimmt: „Nichts von den inhaltlichen und intertextuellen Anspielungen und formalen Kunstgriffen … erschwert die Lektüre, indem es vom Leser etwa fundamentales Wissen oder komplexere ästhetische oder intellektuelle Zeichenoperationen einforderte."[98]

Einfacher und auf die Musik bezogen gesagt: Der Hörer kann in die Musik von KRAFTWERK problemlos seinen eigenen Erfahrungshorizont hineinhören. Hier dienen auch ungewöhnliche Klänge dazu, akustisch die Wahrnehmung einer vertrauten Situation oder Umgebung zu unterstützen. Florian Schneider nannte dieses Konzept einfach „authentische Musik"[99].

Hohen Ernst also gab es in der Musik der 1970er, reine Unterhaltung gab es ebenso. Dazwischen war wenig. Intellektualität und Alltag standen ohne Verbindung nebeneinander. *Autobahn* war das Album, mit dem KRAFTWERK eine Brücke zwischen beidem schlug. Damit produzierte die Gruppe Hits.

Es ist zwar so, dass ein Musikstück – anders als etwa ein Gemälde – unter normalen Umständen nicht selbst zum Spekulationsobjekt werden kann, weil es kein Original gibt[100], und doch trifft *langfristig* (!) vielleicht auch der Markt eine Aussage über die Qualität des Werkes – jenseits der Kategorien von Tageshits: *Autobahn* ist seit 50 Jahren ohne Unterbrechung im Handel erhältlich.

# HIGHWAYS

Am 8. Februar 1975 trat ein, wovon deutsche Interpreten sonst meist nur träumen: *Autobahn* erschien in den USA in den „Billboard"-Albumcharts. Ein deutsches Produkt in den US-Charts: Das gibt es, aber nicht oft.

Man mag es schade finden oder für Borniertheit halten, aber in den USA wartet man nicht auf Musik von außerhalb. Das ist nicht arrogant gemeint, es ist auch kein Desinteresse. Nur sind die USA ziemlich groß, es gibt eine Reihe von Musikschwerpunkten (New York, Los Angeles, Nashville, Chicago, New Orleans, dazu noch jede Menge regionale), deren musikalischer Ausstoß insgesamt schon so massiv ist, dass für ausländische Klänge kaum Aufmerksamkeit übrig bleibt – es sei denn, es kommt etwas von dort, was so ungewöhnlich ist, dass es in den USA niemand machen würde.

Deutsche Bands und Musiker haben deshalb im Prinzip (soll heißen: Ausnahmen bestätigen die Regel) nur zwei Möglichkeiten, sich bemerkbar zu machen: Entweder, sie versuchen, sich so perfekt wie möglich „amerikanisch" zu präsentieren, oder sie kommen mit Konzepten daher, die keiner amerikanischen Band einfallen würden.

Wenn wir die Klassik und das krachlederne Volkstum mal außen vor lassen (letzteres hat hier seine Fans, wie die Unzahl der „Hofbrauhouses" und „Octoberfests" zeigt), dann ist das vor allem Eurodance, kommerziell orientierter Techno, funktional, sauber produziert, auch ein wenig Ohrenkitzel darf sein. Die Fähigkeit zur Mimikry, unauffällig im amerikanischen Durchschnitt aufzugehen, muss aber perfekt beherrscht werden. Wird sie das nur halbgar, dann werden die Beteiligten mit ziemlicher Sicherheit daran scheitern, dass, wie der Produzent Siggi Loch richtig erkannt hat, in New York City niemand Afri-Cola kaufen will.[101] Wenn sich das Musikstück nicht unmittelbar im Rahmen des für amerikanische Ohren Gewohnten bewegt, dann hat es nur eine Chance, wenn es ein „Extra" enthält, das US-Produktionen nicht haben. Giorgio Moroder etwa gelang dies durch eine clevere Kombination von amerikanischem Soulgesang und Münchener Hi-Tech-Disco, auch Frank Farian fand schon früh heraus, wie man US-kompatible Klänge produziert. Seine Grußkarten aus Deutschland hießen BONEY M und MILLI VANILLI. Auch die SCORPIONS aus Hannover fügten sich in Musik und Präsentation bruchlos in die ästhetischen Standards der Hardrock-Musikszene ein, die weitgehend von Bands aus dem anglo-amerikanischen Raum dominiert wird. Diese Fugenlosigkeit hat sich die Band gezielt und systematisch erarbeitet,[102] und man muss es ihr lassen: Es ist ihr so gut gelungen, dass ihre Platten von den meisten amerikanischen Fans dieser Musikrichtung lange Zeit kaum mit Deutschland in Verbindung gebracht wurden. Musikalisch den SCORPIONS durchaus ebenbürtige deutsche Hardrocker wie BIRTH CONTROL, EPITAPH, KARTHAGO oder LUCIFER'S FRIEND konnten ihr Afri-Cola-Image nicht abschütteln; sie kamen in den USA auf keinen grünen Zweig. Dabei sind es oft nur minimale

Unterschiede, die die Trennlinie bilden. Versierte Bands wie ATLANTIS, ELOY, FRUMPY, GURU GURU oder JANE haben das ebenso erfahren müssen wie etliche Jazzrock-orientierte Gruppen, etwa AERA, KOLLEKTIV, MISSUS BEASTLY oder der Gitarrist Volker Kriegel. Eine der wenigen Ausnahmen war Klaus Doldingers Fusion-Projekt PASSPORT.

Der Grund ist einfach: Es gibt in den USA jede Menge Bands, die nicht nur ethnische Originale, sondern vor allem um genau das Quäntchen, das den Ausschlag gibt, besser sind als ihre deutschen Kollegen, und das betrifft besonders den Gesang. Wenn dich die Amerikaner allerdings einmal akzeptiert haben, darfst du immer wiederkommen, aber bis dahin gibt es nichts geschenkt.

Eine andere Möglichkeit für deutsche Acts, in den USA zu reüssieren, ist die konsequente Abkehr von dem, was in den Ohren dort nach „normaler Popmusik" klingt. Zu empfehlen sind martialischer Lärm und Feuerzauber, auf der Kante entlangbalancierende Texte mit gewaltig rollendem R, idealerweise in deutscher Sprache oder doch wenigstens mit überzogenem deutschen Akzent vorgetragen, ohne erkennbaren Humor präsentiert von schwitzenden jungen Männern in viel Leder oder mit nacktem Oberkörper, die Bühne umwabert von Testosteron und Trockeneisnebel. Im Video empfehlen sich durch angedeutete Riefenstahl-Ästhetik herbeigeführte Nazi-Assoziationen und risikolose Scheinprovokationen. Das wäre beispielsweise das Geschäftsmodell von Lindemanns Showband, das ihr bislang zwar keine Platzierung in den Top 40 der „Billboard"-Singles-Charts, aber mehrere Albumerfolge beschert hat[103]. Sich als deutsche Band auf solche Wege zu begeben, kann in den

USA, hart auf den Fersen von Marilyn Manson und Altmeister Alice Cooper, komplett scheitern, aber manchmal eben auch zu Erfolgen führen, wenn es exotisch genug ist. Wie weit man dies dann als „kalkuliert" betrachten möchte, möge jeder für sich entscheiden.

Und in England? Dort hatte man Screaming Lord Sutch, aber der hatte so viel britischen Unernst an sich („Vote for insanity – you know it makes sense!"), dass er in den USA keine Chance gehabt hätte. Wie also gelangt man als deutscher Act in die UK-Charts? Der BBC-DJ John Peel sagt es so: „Don't give them what they want, give them something they didn't know they wanted."[104] Da muss man dann schon einiges aufbieten, um aufzufallen, denn die englischen Musikfans sind schon von Haus aus aufgeschlossener für ungewöhnliche Klänge und musikalischen Unsinn. Bands wie TANGERINE DREAM, CAN, AMON DÜÜL II, FAUST oder eben auch KRAFTWERK haben es im Peelschen Sinne geschafft – manchmal bis an die Spitze der Charts: Sie boten etwas, von dem die Engländer nicht wussten, dass sie es wollten.

## USA

Bei ihrer ersten US-Tournee trat KRAFTWERK nicht martialisch auf (später, in den 1980ern, ließe sich angesichts der uniformähnlichen Kleidung der „Roboter" und der im gleichnamigen Stück praktizierten Marschrhythmik über den Begriff wohl nachdenken), doch auch ihr *Autobahn*-Erfolg beruhte darauf, dass die Gruppe etwas markant Anderes bot als das, was Amerikaner im Auto oder beim Bügeln sonst hören.

Bis Mitte der 1970er Jahre war KRAFTWERK in den USA so gut wie unbekannt. Ihre ersten beiden LPs gab es nur als Importe, man bekam sie ausschließlich in spezialisierten Läden oder per Mailorder; *Ralf & Florian* immerhin gab es als US-Pressung auf dem Vertigo-Label; sie erreichte im September 1973 Rang 160 in den „Billboard"-Albumcharts. Im Radio wurde keine dieser Platten gespielt.

Vertigo gehörte wie Philips zur Phonogram-Gruppe[105] und hatte nichts zu verlieren; die Lizenz für die KRAFTWERK-Platten hatte sich das Label bereits 1971 für nur 2000 Dollar gesichert.[106] Eine „Autobahn"-Single-Version fürs Radio existierte nicht. Zudem lief mit *Autobahn* KRAFTWERKS Vertrag mit Philips aus, die Plattenfirma tat also das, was in solcher Konstellation üblich war: Man warf Spaghetti gegen die Wand und schaute, ob etwas kleben bleiben würde.

Als *Autobahn* in den USA veröffentlicht wurde, hat man, wie erwähnt, die Aufmachung der deutschen Version weitgehend übernommen. Die konnten die Amerikaner trotz der in den USA als Faktum angesehenen „Nazi-Erfindung" Autobahn[107] ohne zu viele Negativassoziationen mit Deutschland zusammendenken. Große Erwartungen verband das Label mit der Veröffentlichung ohnehin nicht.

Aber es kam anders. Dass gerade die Langfassung zuerst in die US-Charts einstieg, erklärt sich aus einer speziellen Gegebenheit des amerikanischen Rundfunksystems, die ohne Zutun der Band oder der Plattenfirma gegriffen hat; noch wenige Jahre früher wäre das so nicht möglich gewesen.

## RADIO-AKTIVITÄTEN

Anfang der 1970er Jahre gab es in den USA knapp 4300 kommerzielle Radiostationen. Viele davon gehörten zu Networks (hauptsächlich den drei Großen: ABC, CBS und NBC), gestalteten aber zumindest Teile ihres Programms selbst, außerdem gab es syndizierte Shows, die von einer Station produziert und von mehreren anderen übernommen wurden. Die meisten Sender arbeiteten aber regional, und sie waren die eigentlichen Hitmacher. Sie spielten die jeweils aktuellen Top-40-Singles, und zwar im Wesentlichen auf Mittelwellen-Frequenzen (*AM* genannt). Etliche Sender ließen diese Programme parallel dazu auch im UKW-Bereich (*FM*)[108] für lokal begrenzte Sendegebiete laufen. Letzteres wurde im Jahr 1964 durch eine Verordnung der *Federal Communications Commission* unterbunden, die den Radiostationen untersagte, identische Programme gleichzeitig auf Mittelwelle und UKW zu senden. Um die UKW-Frequenzen nicht zu verlieren, begannen viele Stationen in den Folgejahren damit, Klassik- und Jazzprogramme aufzubauen. Angesichts der besseren Klangqualität lag das nahe, außerdem waren damit Stereosendungen möglich. Das kam der Industrie entgegen, denn der Radio- und Plattenspielermarkt war weitgehend gesättigt, also musste etwas Neues her, und das Zauberwort war „Stereo“.

Wer einmal mit laufendem Top-40-Autoradio auf US-Highways oder -Interstates unterwegs war, wird sicher noch die dynamischen Sprechsalven der DJs im Ohr haben. Die Sprecher der UKW-Stationen dagegen entdeckten, dass sie in Zimmerlautstärke sprechen und, weil sie nicht von chartorientierten Playlists abhängig waren, auch längere Musikstücke, Textbeiträge, sogar ganze LP-Seiten senden konnten. Daraus entstanden in den Jahren ab circa 1967 neue Programmformate, und diese wiederum zogen nach und nach Hörerschichten heran, die tatsächlich vor dem Lautsprecher saßen und zuhörten.

Weil aber der „Massenmarkt" für Popmusik noch immer über die Mittelwelle lief, ging die Plattenindustrie nur sehr allmählich dazu über, ihre Platten auch in Stereo zu veröffentlichen. Bis dahin galten die Mono-Mischungen als die definitiven Fassungen. In der Übergangszeit, bis in die 1970er Jahre hinein, gab es deshalb in den USA viele Platten, insbesondere Singles, noch in zwei Versionen, in Mono und in Stereo.[109] (Die Mono-Mischungen findet man heute oft auf Reissues oder in Box-Sets als Bonustracks.)

Die technische Reichweite der UKW-Sender ist lokal begrenzt. Das erwies sich als der entscheidende Auslöser für das Entstehen der *College-Radios:* UKW-Sender mit geringer Leistung und wenigen Kilometern Reichweite, die von Studierenden betrieben wurden und ihre Hörer hauptsächlich aus der Studentenschaft ihrer jeweiligen Uni bezogen.

Diese College-Radios und experimentell orientierten UKW-Stationen entdeckten KRAFTWERKS *Autobahn*-Album und waren fasziniert, besonders von den Stereoeffekten darin. In den USA gab es wenig Vergleichbares. So spielten sie die LP wieder und wieder, oft mehrmals täglich, manchmal auch in Teilen – denn Vertigo, nachdem man das dort merkte, war clever genug, für die Radiostationen schnell eine speziell hergestellte Promo-Fassung zu produzieren: Anders als auf der normalen LP waren auf der A-Seite die Rillen der einzelnen Teile sichtbar voneinander abgesetzt – „specially banded for radio programming“, wie ein Aufkleber auf der Plattenhülle verhieß. Dadurch konnten die DJs das Stück durchspielen, aber auch ohne lange Sucherei auf bestimmte Ausschnitte der „Autobahn“ zugreifen.

*Autobahn* erschien natürlich auch als Cassette und Spulentonband, letzteres als sogenannte „Cine Roll“ mit Dolby B.[110] In den USA veröffentlichte Vertigo 1975 auch eine Quadro-Version als 8-Spur-Cartridge, in Kanada kam eine ebensolche auf dem Mercury-Label in den Handel. Der Quadro-Mix wurde mit großer Wahrscheinlichkeit ohne Wissen der Band hergestellt.[111] Cartridges waren Endlosbänder, die man nicht umdrehen musste, beliebt bei Truckern und anderen, die lange Strecken zu fahren hatten. In Europa haben sie sich nie durchsetzen können. Wer das Album in einer dieser Formen kaufen wollte, musste zunächst noch suchen; im Plattenladen „um die Ecke“ in Smalltown-Amerika gab es das alles nicht. Doch dann, durch die massiven Radioeinsätze, wurde das Album zum Geheimtipp und ging schließlich ohne viel Werbung, wie man heute sagen würde, „viral“. Am 8. Februar erreichte *Autobahn* die „Billboard“-Albumcharts, und weil alles Weitere in relativ kurzer Zeit passierte, reichten die Verkäufe am Ende aus, um am 3. Mai das Album auf Rang 5 zu hieven.[112]

## US- UND DEUTSCHE SINGLE

Der Charterfolg der LP machte den Manager von Phonogram US, Ira Blacker, hellhörig: Um das Stück auch im Top-40-Radio unterbringen zu können, in dem eine ungeschriebene Drei-Minuten-Regel galt[113], kontaktierte er Conny Plank wegen einer Kürzung. Der hatte prinzipiell nichts einzuwenden, wollte die Entscheidung aber nicht ohne Hütter und Schneider treffen. Diese sollte in einem Hotel in Hamburg herbeigeführt werden, doch weil Conny an diesem Tag kurzfristig verhindert war, fanden sich dort nur Blacker, Hütter und Schneider ein. Blacker, so geht die Sage, drückte den beiden schlicht eine Plastiktüte mit Bargeld in die Hand und erhielt die gewünschte Genehmigung.[114] Blacker ließ dann die LP-Fassung von 22:40 auf 3:27 herunterkürzen. Das war für das amerikanische Top-40-Radio eigentlich immer noch einen Tick zu lang, ging aber wegen seiner Ungewöhnlichkeit durch.

Das Intro war nun eine geraffte Variante der LP-Fassung, im Unterschied zur LP-Version fuhr der Käfer jetzt von links ins Hörfeld. Die Gesangsstrophe A ertönt nur einmal, der „Glitzerstrahl" kommt daher schon im ersten Durchgang. Das Stück springt sodann direkt in den Instrumentalpart 1 mit Querflöte und Gitarre, aber auch dieser ist gerafft, das markante Flötenmotiv ist nur zweimal zu hören, wie die Bridge einer Schlagerplatte. Es folgt die wiederum gekürzte Gesangsstrophe B, die dann unmittelbar in den perkussiven Instrumentalpart 2 übergeht und innerhalb weniger Sekunden ins Fade-Out verschwindet.

Die Kürzung, man muss es zugeben, ist für eine Single insgesamt clever gelöst. Conny Plank, der davon ausging, die Kurzfassung sei nur für den Funk gedacht gewesen, äußerte gegenüber dem „Record Mirror“: „Ich wusste nicht mal, dass ‚Autobahn‘ als Single veröffentlicht wurde. Es war der Chicagoer Phonogram-Boss [Blacker], der den Track auf drei Minuten heruntergekürzt hat. Der war rein für die Radio-Promotion in den Staaten gedacht, aber uns hat er ganz gut gefallen, als wir ihn hörten, denn der ist genau so, wie wir ihn gemacht hätten.“[115]

Die Singlefassung passte zwar so recht in keines der amerikanischen Popmusik-Genres, sie war aber ungewöhnlich und Ohrwurm genug, um Aufmerksamkeit zu erregen. Und weil die LP bereits in den Albumcharts stand, erklärten sich schließlich auch einige der sogenannten *Record Pluggers* bereit, die Single zu promoten. Diese Pluggers sind einige hundert selbstständige, gut organisierte Reisende, die im Auftrag von Plattenfirmen quer durch die Lande die Radiostationen abgrasen, um die dortigen DJs von den neuesten Platten ihrer Auftraggeber zu überzeugen.

So erreichte die „Autobahn“-Single das Top-40-Radioland. „Autobahn“ wurde vom amerikanischen Publikum als origineller Novelty-Song wahrgenommen, ohne dass das Stück eigentlich ein solcher sein wollte. (Wir erinnern uns dunkel an meine Mitschüler, die das erste KRAFTWERK-Album als Witzplatte missdeuteten.) Ein akustisches Missverständnis mag in Teilen wohl auch zum Erfolg beigetragen haben: Die Zeile „Wir fahr'n, fahr'n, fahr'n auf der Autobahn“ wurde von manchen als „We've fun, fun, fun on the autobahn“ misshört. Das wurde auch von der Presse aufgegriffen und schlug sich in Schlagzeilen wie „The Beach Boys from Germany“ nieder.[116] Auch die Variante „We’re fond, fond, fond of the autobahn“ kursierte und kam gut an – die Amerikaner sind kaum weniger autoverrückt als die Deutschen. Das war zwar in beiden Fällen Unsinn (auf deutschen Autobahnen war der T-Bird ein eher seltener Vogel), es half aber, ohne nennenswerte weitere Promotion den Namen Kraftwerk auf breiterer Ebene ins Bewusstsein der Hörer zu heben. Und so trat schließlich am 15. März 1975 die Single in die „Billboard“-Hot 100 ein und erreichte am 3. Mai als höchste Position Rang 25.[117]

Damit war die Single dann auch in jeder Mall problemlos zu bekommen – ohne spezielles Cover übrigens; die US-Single steckte in einer einfachen Lochhülle. Und nachdem die Single in den Läden war, nahmen die Händler auch die LP in den Bestand. So mancher, der die Single-Version aus dem Radio kannte und sich daraufhin die LP kaufte, erlebte die große Überraschung, dass die Dreieinhalb-Minuten-Nummer dort fast 23 Minuten lief. Ergänzend zur Single gab es im Übrigen, wie damals generell üblich, die „Autobahn“-Singlefassung auch als Notendruck für Klavier beziehungsweise Gitarre – mit Text und Gitarrengriffen.

„Ihre aus der 22-minütigen Originalversion zusammengeschnittene Single schaffte es in die Charts, und die Gruppe genoss in den USA sowohl Unterstützung durch die FM-Radio-Avantgarde als auch durch die AM-Easy-Listening-Hörerschaft, ein Crossover-Kunststück, das sonst nur Mike Oldfields *Tubular Bells* gelang“[118] schrieb die „Illustrated Encyclopedia of Rock“; die Branchenzeitschrift „Cash Box“ urteilte: „Kraftwerk kommt eine signifikante Rolle in der progressiven Musik zu.“[119]

Zum besseren Verständnis hier zwischendurch ein paar Zeilen zu den Verkaufszahlen, die hinter Chart-Platzierungen steckten: KRAFTWERKS Rang 25 der „Billboard“-Charts klingt nach zigtausenden verkaufter Singles. Doch die Zahl relativiert sich rasch: Ab den späten 1960er Jahren brachen in den USA die Single-Verkäufe ein; die Käufer wandten sich der LP zu. Das hing wiederum damit zusammen, dass die amerikanischen Jugendlichen sich statt der bis dahin üblichen AM-Kofferradios zunehmend FM-taugliche Geräte zulegten, mit denen sie bevorzugt ihre örtliche College-Station hörten und auf diese Weise auch ganze LP-Seiten oder gleich komplette Alben kennenlernten. Das stellte die bis dahin gewohnten Formate auf den Kopf, auch bei den Plattenfirmen. Wo man bis dahin daran gearbeitet hatte, Single-Hits zu erzielen, galt nun plötzlich die LP als das, worauf es eigentlich ankam. An Single-Hits waren viele Künstler kaum noch interessiert (auch wenn sie solche Erfolge natürlich gern mitnahmen, wenn sie denn eintraten).

Das schlug sich in den Verkäufen nieder. Eine Nummer 1 der „Billboard“-Single-Charts bedeutete im Jahr 1968 im Schnitt etwa 750.000 verkaufte Einheiten; elf Jahre später, 1979, waren es gerade mal noch rund 50.000. Zudem war (und ist) der Abstand zwischen der Nummer 1 und den folgenden Plätzen erheblich: Die Faustregel besagt, dass die Nummer 1 etwa so viele Einheiten verkauft wie die Nummern 2 bis 5 zusammen. Deshalb erhält die jeweilige Nummer 1 bei den Top-40-Radiostationen einen Airplay-Bonus und erscheint häufiger in der Rotation als die folgenden Ränge. Dazu kommen noch starke saisonale Schwankungen. Deshalb genügten in manchen Sommern der mittleren 1970er Jahre schon 2000 in einer Woche verkaufte Singles, um eine Top-Ten-Platzierung zu erzielen. Von all diesen Faktoren hat die „Autobahn"-Single profitiert.

Und die LP? Sie erreichte Rang 5 der „Billboard"-Albumcharts. Das „Rock-Lexikon" schreibt, dass das „US-Rockpublikum ... die vierte KRAFTWERK-LP *Autobahn* (1974) zu Hunderttausenden kaufte und damit einer zweiten deutschen Band nach NEKTAR einen überseeischen Goldhit verschaffte"[120] – Wikipedia nennt zwar ebenfalls Rang 5, erwähnt aber keine Goldene Schallplatte[121], die Zahl müsste also unter 500.000 geblieben sein. Auf jeden Fall war sie deutlich höher als die Zahl der verkauften Singles.

## CONNY

Konrad „Conny" Plank selbst beschrieb sich so: „Ich bin kein Musiker. Ich bin ein Vermittler zwischen Musikern, Sounds und Tonbändern. Ich bin wie ein Dirigent oder ein Verkehrspolizist."[122] Der KRAFTWERK-Biograf David Buckley sieht Plank „in vielerlei Hinsicht" als „Westdeutschlands Antwort auf Brian Eno, ... teils Produzent, teils Mitarbeiter, teils Ideenmann."[123] Das ist schon eine fast perfekte Beschreibung dessen, was den Job eines engagierten Musikproduzenten ausmacht; vielleicht kann man ihn am ehesten mit einem Filmregisseur vergleichen: Seine Aufgabe ist nicht so sehr, zu komponieren oder zu texten (obwohl das vorkommt), sondern eher, zu wissen, welches Studio, welcher Toningenieur am geeignetsten ist; er soll im Studio Atmosphären schaffen und so dafür sorgen, dass das Stück optimal verwirklicht werden kann. Nebenbei kann es nicht schaden, wenn er auch die Kasse im Blick behält.[124] Dass Plank nicht viel Wind um seine Person machte und seine Rolle gern als „Tonkutscher" herunterspielte, war gezielte Untertreibung; er selbst und ebenso jeder, der mit ihm arbeitete, wusste es besser. Hans Lampe, Planks damaliger Studioassistent: „Conny war eine anerkannte Autorität, aber er war nie autoritär. Man hatte sich bei Conny immer schlicht wohlgefühlt. In solcher Atmosphäre können eben Dinge passieren, sich entwickeln, zu denen man sich gegenseitig inspiriert. Er hat jede Kreativität noch mal gepusht. Und dann kamen eben so Titel wie ‚Autobahn' dabei heraus."[125]

Auf den ersten beiden Kraftwerk-LPs sind Hütter, Schneider und Plank gemeinsam als Produzenten verzeichnet. In den Credits von *Ralf & Florian* stehen Hütter und Schneider als Produzenten; Plank ist nur noch als „Engineer" benannt. Hans Lampe jedoch sieht Plank als Co-Produzenten der ersten *drei* Kraftwerk-Alben: „Von Hamburg aus hatte Conny ja schon die ersten beiden Kraftwerk-LPs [und] die *Ralf & Florian*-LP ... produziert, was ihm durch seine paritätische Beteiligung ein bisschen Geld eingebracht hatte."[126]

Über die Produktion von *Autobahn* erklärt Hans Lampe folgendes: „Conny hatte damals bereits mobiles Studioequipment, wir hatten das ja so gebaut, dass er das Mischpult und die Mehrspurmaschine mitnehmen konnte, alles passte in einen VW-Bus hinein. ... Die Aufnahmen zur *Autobahn* sind im Kling Klang Studio und auf diesem mobilen Equipment entstanden."[127] Plank ging offenbar davon aus, dass sein Job wiederum der eines Co-Produzenten sein würde. Auch Ira Blacker muss Plank als den Produzenten von *Autobahn* angesehen haben, denn er wandte sich wegen der Genehmigung einer Singlefassung an ihn, nicht an Hütter oder Schneider, obwohl für ihn als Boss ihres US-Labels der Kontakt zu den beiden leicht herzustellen gewesen wäre.

Das Problem: Nach den früher erwähnten atmosphärischen Störungen, die bei der Produktion von *Ralf & Florian* aufgetreten waren, wollten Hütter und Schneider zwar auch für das *Autobahn*-Album nicht auf Planks Dienste als Toningenieur verzichten, als Co-Produzenten nennen wollten sie ihn aber nicht. Sie boten Plank 5000 Mark an, dem Vernehmen nach wohl direkt aus Mr. Blackers Plastiktüte,[128] Plank akzeptierte die Zahlung; der Betrag wird auch von Christa Fast, Planks Witwe, bestätigt.[129] Damit sahen Hütter und Schneider ihn in seiner Rolle als Co-Produzent als ausbezahlt an[130]. Das gab Plank „das Gefühl, dass er fallen gelassen wurde, dass man ihn hinausgeworfen hatte. Ab da gab es keinen Kontakt mehr zwischen der Gruppe und ihrem früheren Engineer"[131], schreibt Pascal Bussy in seiner KRAFTWERK-Biografie, und Hans Lampe bestätigt: „Damit haben sie ihre Wurzeln verleugnet, denn Conny war immer solidarisch und hatte sie loyal bis zu diesem Punkt begleitet. Nun jedoch war die Stimmung nachhaltig gestört und Konrad Plank hat nie wieder mit KRAFTWERK zusammengearbeitet."[132]

Wie auch immer die Sache im Einzelnen gelaufen ist, wir als Außenstehende haben schlicht zur Kenntnis zu nehmen, dass Conny Plank in den Credits des *Autobahn*-Albums nicht als Produzent genannt wird: „Music, Concept + Production Ralf Hütter & Florian Schneider", und „Engineer: Konrad Plank – Conny's Studio & Mobile Equipment". Michael Rother trifft wohl den Kern der Sache: „Für sein eigenes Studio benötigte Conny sehr viel Geld, das er nicht hatte, und ich glaube, dass ihm das Geld einfach angeboten wurde. Das war bestimmt eine große Verlockung. Dafür wurde er aus der *Autobahn* rausgekauft, bevor es ein Erfolg war. Zu einem Deal gehören immer zwei Parteien, wie man an dieser Geschichte mehrfach sieht, und ob das ein schlechter Deal war, war zu dem Zeitpunkt gar nicht abzusehen. Fünftausend Mark waren eine Menge Geld."[133] (Knapp der Preis eines neuen VW-Käfers, um es nochmal zu sagen.)

Wie diese ganze Geschichte lief, kann im Grunde nur jemanden verwundern, der nicht selbst miterlebt hat, wie man in den 1970er Jahren innerhalb der „Szene" miteinander umging. Verträge gab es bei Conny Plank nicht. Wenn er mit jemandem zusammenarbeiten wollte, dann passierte das auf Vertrauensbasis. Das hatte wohl etwas Hippiehaftes an sich, war aber damals nicht ungewöhnlich. Darüber wurde auch nicht gesprochen, es wurde einfach so praktiziert. Oft ging das eine ganze Weile gut. Aber wehe, wenn dann etwas doch nicht so lief wie unausgesprochen vorausgesetzt: Dann war die Enttäuschung umso größer, und daraus konnten unangenehme Streitereien bis hin zu jahrelanger Funkstille oder gar Feindschaft resultieren.

So galt das auch für Plank. Wenn die Vertrauensbasis in Schieflage geriet oder sich erst gar nicht aufbauen ließ, konnte er recht ungnädig werden, das war allgemein bekannt – selbst U2 oder ein David Bowie bekamen das zu spüren.

Conny Plank selbst kann man leider nicht mehr zu der Sache befragen. Er verstarb 1987 nach schwerer Krankheit im Alter von nur 46 Jahren. Als Toningenieur und Produzent blieb er auch post mortem ein Leuchtturm. Ganz sicher war sein Wirken auch für mich einer der Impulse, eine Zeitlang ein Hamburger Tonstudio unsicher zu machen.

Meiner Einschätzung nach könnte, was das Ende von Conny Planks Produzententätigkeit für KRAFTWERK angeht, noch ein weiteres Phänomen in die Sache hineingespielt haben: Jeder Künstler muss sich irgendwann in seiner Karriere von seinen Vorbildern und Mentoren lösen, um auf eigenen kreativen Füßen zu stehen. Er muss, um es bildlich zu formulieren, sozusagen seinen Lehrer erschlagen. Irgendwann in einer ernsthaften Künstlerkarriere kommt dieser Punkt, und möglicherweise ist es das, was hier passiert ist. Man darf nicht vergessen, dass Hütter und Schneider immer nach möglichst weitgehender Autarkie strebten. Und nachdem ihnen Plank bei den Produktionen des ORGANISATION- und der drei KRAFTWERK-Alben hinlänglich, wie er selbst wohl gesagt haben würde, vorgekutscht hatte, wie man das macht, fanden sie vielleicht, dass sie seinen kreativen Input, den er als Produzent einbrachte, nicht mehr benötigten.

Hans Lampe, als er seinen Eindruck äußerte, man habe nach dem Abmischen nicht das Gefühl gehabt, einen

„Meilenstein“ vor sich zu haben[134], hat die Aufnahme damals wohl ein bisschen unterschätzt. Dass sie so etwas wie ein deutsches *Sgt. Pepper* auf der Pfanne hatten, werden sie tatsächlich nicht geahnt haben, aber dass die eben fertiggestellte Aufnahme ein sehr ungewöhnliches Produkt auf einem hohen kreativen Level war, das müssen sie gemerkt haben. Es ist nur so, dass man nach tage- oder sogar wochenlanger kreativer Arbeit an einer Produktion irgendwann den Bezugsrahmen verliert. Man weiß dann eine Zeitlang selbst nicht mehr, ob das, was man da gerade macht, gut ist oder in den Papierkorb gehört. – Man denkt darüber auch besser nicht zu lange nach, sonst wird man irre.

In der Musikindustrie sind Fehleinschätzungen übrigens bis heute der Normalfall. Niemand hat das Patentrezept für einen Hit, und noch immer scheitern zwischen 80 und 90 Prozent aller Neuveröffentlichungen und bringen nicht mal ihre Kosten wieder herein.

## DER HIT ON TOUR

Die meisten Pop-Fans gehen davon aus, dass die Künstler in erster Linie vom Verkauf ihrer Tonträger leben. Doch das ist ein Irrtum. Wie die „New York Times“ feststellt, war es immer der Normalfall, dass Musiker und Bands den größeren Teil ihres Einkommens aus dem Tourneegeschäft beziehen. Selbst in den hohen Zeiten des LP- bzw. CD-Verkaufs traf das zu.[135] Das gilt in den USA in noch stärkerem Maße als in Deutschland, einfach deswegen, weil die Zahl der Auftrittsmöglichkeiten und potenziellen Konzertbesucher hier um ein Mehrfaches größer ist.

So forcierte auch KRAFTWERK den *Autobahn*-Verkauf und steigerte den eigenen Bekanntheitsgrad in den USA, indem sie eine Konzerttournee begannen. Sie waren Nobodies, es war zufälliges, aber perfektes Timing und risikoreich. KRAFTWERK ist das Risiko eingegangen.

Die Gruppe bevorzugte wohlweislich kleine und mittlere Hallen (das tut sie im Prinzip noch heute), minimierte dadurch das Risiko, vor halbleeren Rängen spielen zu müssen, und scheute sich nicht, durch die US-Provinz zu tingeln. Da die lokalen PA-Verleiher mit elektronischen Klängen noch kaum Erfahrung hatten, war KRAFTWERK schon nach wenigen Auftritten dafür berüchtigt, mit Synthesizer-Bässen PA-Lautsprechern den Garaus zu machen[136], was ihren Ruf bei Veranstaltern nicht eben förderte. Die Pressereaktionen auf die Tour bewegten sich meist zwischen Ratlosigkeit und freundlicher Neugierde. Einige Beispiele aus den *Arts & Entertainment*-Sektionen lokaler Zeitungen mögen dies illustrieren:

„Unglücklicherweise sorgte ein Schneesturm dafür, dass KRAFTWERK Philadelphia nicht erreichte, wo sie ihre Tour beginnen sollten. KRAFTWERK ... ist eine der ersten deutschen Gruppen, die zu Kultstatus aufsteigen konnte und heftig in den Popmarkt einschlug“[137]. Ein anderes Beispiel: „Viele hatten das Gefühl, dass ‚Autobahn‘, zusammen mit seinem Vorgänger, Mike Oldfields *Tubular Bells*, eine neue Ära des kommerziellen elektronischen Rocks ankündigt“[138]. Vergessen wir mal, dass *Tubular Bells* keineswegs ein elektronisches Album war – immerhin sah der

„Advocate" in KRAFTWERKS Instrumentarium ein gewisses Zukunftspotenzial. Damit war das Blatt fast schon eine seltene Ausnahme, andere hielten es eher mit einem Hilfeschrei des „Melody Maker": „For God's sake, keep the robots out of music!"[139] Die meisten Zeitungen verlegten sich eh auf reinen Backstage-Klatsch: „Auto-gebannt: KRAFTWERK, die deutsche Gruppe mit dem Hit ‚Autobahn', feuerte nach nur vier Konzerten ihre Vorgruppe GREENSLADE aus ihrer US-Tour, weil sie KRAFTWERK fortgesetzt beleidigte und ständig um mehr Spielzeit bettelte. ... GREENSLADE sagte uns: ‚Als ich mit einem von ihnen zu sprechen versuchte, lief der weg und schloss sich in seiner Garderobe ein.'"[140]

Meldungen dieser Art zeigen natürlich, dass die jeweiligen Redaktionen mit KRAFTWERK keine Vorstellung zu verbinden wussten. Allerdings war es zugegebenermaßen auch eine merkwürdige Idee, KRAFTWERK mit der britischen Prog-Band GREENSLADE zusammenzuspannen, aber es hatte eben noch niemand eine konkrete Idee dessen, was KRAFTWERK überhaupt liefern würde. Und anders als in Deutschland, wo der *Supporting Act* in der Regel auf Ungeduld des Publikums, oft sogar auf Buhrufe, gefasst sein muss, wird dieser vom US-Publikum durchweg mit freundlicher Aufmerksamkeit bedacht. Es gehört hier normalerweise auch zu den Konzertgepflogenheiten, dass der Haupt-Act sich zu Beginn oder im Laufe seines Auftritts kurz zu den Qualitäten seines Vorprogramms äußert – unwahrscheinlich, dass die KRAFTWERKER diesem Brauch nachgekommen sind, was sie bei GREENSLADE nicht beliebter gemacht haben wird.

Das Musikmagazin „Cash Box" zählte KRAFTWERK nach einem Leser-Poll zwar zu den „drei Großen", hatte nur leider keine passende Kategorie für solche neumodischen Klänge und platzierte KRAFTWERK deshalb kurzerhand unter „New Vocal Groups"[141].

Nach dem alten Motto *any promotion is good promotion* half all dies, den Namen KRAFTWERK eine Weile ins Gespräch zu bringen. Noch während der laufenden Tournee konnten deshalb weitere Konzerte hinzugebucht werden, insgesamt kam man auf wahrscheinlich um die 40 Stationen.[142] Die KRAFTWERKER verstärkten ihr Image noch zusätzlich, indem sie sich vom Hippie-Erscheinungsbild, wie es noch auf dem Rückcover auch der US-LP zu sehen war, verabschiedeten, stattdessen wie ein Streichquartett in Anzügen und mit relativ kurzen Haaren auf der Bühne erschienen und sich nur äußerst sparsam bewegten. Karl Bartos erinnert sich: „1975 flogen wir über den Atlantik und waren dann zehn Wochen on the road. Wir fuhren von Küste zu Küste und dann nach Kanada. Und all die schwarzen Städte wie Detroit oder Chicago, die schlossen uns ins Herz. Es hat viel Spaß gemacht. Irgendwie sahen die uns anscheinend als sehr seltsame Comic-Figuren, glaube ich, aber unsere Beats verpassten sie trotzdem nicht."[143]

Und immerhin, es *gab* die US-Tournee. Das ist durchaus zu betonen, denn die für den Anschluss geplante Deutschland-Tournee musste – so jedenfalls wurde mir damals in der Vorverkaufsstelle gesagt – mangels Publikumsinteresse abgesagt werden. Der Prophet im eigenen Lande wieder einmal.[144]

## MAẞSTÄBE

In Teilen der progressiven deutschen Musikpresse versuchte man schon 1970, deutsche Gruppen als auslandstauglich hochzuschreiben. Das entstand aus einem unbestimmten Minderwertigkeitsgefühl heraus und hatte manchmal fast verzweifelte Züge an sich. „Das Gros der angelsächsischen Gruppen ist keinen Deut besser als die besten deutschen Bands – das Gegenteil trifft eher zu. ... Jetzt sind ... die Zeiten vorbei, da man, um gute Popmusik zu hören, über den ‚Kanal' oder gar über den ‚großen Teich' fahren musste"[145] – so überschlug sich Rainer Blome in der „Sounds" über *Yeti* von AMON DÜÜL II (das allemal ein hörenswertes Album ist, aber ein neues Kapitel der Musikgeschichtsschreibung musste dafür nicht eröffnet werden). Und ein namenloser Rezensent schrieb, ebenfalls in „Sounds", über LUCIFER'S FRIEND: „Perfekte Produktion von höchstem Standard, die anglo-amerikanische Konkurrenz das Fürchten lehren dürfte."[146]

Ärgerlicherweise dachte die anglo-amerikanische Konkurrenz keine Sekunde daran, sich zu fürchten. Hier war einfach der Wunsch der Vater des Gedankens. Solche Kommentare zeigen vor allem eines: Englische und amerikanische Bands wurden in der deutschen Musikpresse, aber auch von vielen Fans, als der amtliche Maßstab gesehen. Und ja, man muss es wohl zugeben: Die meisten deutschen Bands legten in ihren Statements und Interviews die Latte sehr hoch, liefen dann aber glatt darunter hindurch.

Wenn es allerdings einer Band, etwa AMON DÜÜL II oder FAUST, tatsächlich gelang, im Ausland zur Kenntnis genommen zu werden, dann war das auch wieder nicht recht. Dann wurde ihr von derselben Presse, oft hinter vorgehaltener Hand auch von missgünstigen Musikerkollegen, und nicht zuletzt auch hier wieder von so manchem Fan vorgehalten: Ach, jetzt wollen sie wohl Weltstars sein, jetzt sind sie „auf dem Kommerztrip" (wie die Redewendung damals hieß), das ist jetzt der Anfang vom Ausverkauf. Überhaupt betrachtete man schon das reine Anstreben kommerzieller Erfolge mit Misstrauen. An klassischer Borniertheit nicht zu übertreffen ist noch immer ein Satz des „Sounds"-Kritikers Bernd Gockel, der über *Wolf City* von AMON DÜÜL II schrieb: „Es wäre verdammt schade, wenn man AMON DÜÜL II eines Tages in den Hitparaden wiederfinden würde."[147] Darauf muss man wirklich erstmal kommen. Im Klartext hieß das ja nichts anderes als: Musiker, stellt eure Glaubwürdigkeit gefälligst dadurch unter Beweis, dass ihr an der Armutsgrenze entlangschrammt. Auch KRAFTWERK bekamen ihre Portion ab: Wiederum in der „Sounds" warf Kritiker Teja Schwaner der Gruppe vor, dass sie nun von „der Welt größtem Schallplattenkonzern EMI" vertrieben werde[148] – offenbar war es in seinen Augen etwas Verwerfliches, dass hier eine Band durch die Zusammenarbeit mit einer etablierten Plattenfirma eine vernünftige Distribution ihrer Platten zu erreichen versuchte und ansonsten einen auskömmlichen Lebensunterhalt anstrebte, den ein Indie-Label, wie es Schwaner wohl bevorzugt hätte, leider nur in Ausnahmefällen bieten kann.[149]

Es half deshalb nichts: Wer die Chance hatte, mit einem Major-Label zu arbeiten, tat gut daran, sie zu ergreifen. Es gab einige Minilabels in den USA, die versuchten, deutsche

Rockmusik dort zu promoten und den Vertrieb der Platten zu gewährleisten. Funktioniert hat das leider nie. Diese Labels hatten zwar den guten Willen, aber schlicht nicht die Kapazitäten, ihre Produkte über die nähere Umgebung hinaus US-weit zu vertreiben und in den Medien unterzubringen. Von den deutschen Plattenfirmen war keine Hilfe zu erwarten; die beteiligten sich mit maximal 20.000 Dollar an Verlusten, die ihre Acts im Ausland eingefahren hatten. Etliche Bands sind auf diese Weise vor die Wand gefahren – in manchen Fällen mussten sie am Ende erleben, dass ihre amerikanischen Platten als Cut-Outs für 5 Mark in deutschen Plattenläden auftauchten.[150] Wer will KRAFTWERK da übelnehmen, mit einem Konzern wie EMI abgeschlossen zu haben?

So sehr KRAFTWERKS US-Episode nach Aufbruchstimmung klingt: Der Erfolg der Single und des Albums dort ließ sich nicht wiederholen. Single und LP blieben KRAFTWERKS einziger Top-40-Erfolg in den USA.

Schon das folgende Album, *Radio-Activity* (1975), wiederum ein Konzeptalbum, konnte mit *Autobahn* hier nicht mehr gleichziehen, es ging schlicht unter. Bei dessen Veröffentlichung versuchte KRAFTWERK, mit gezielt eingesetzten deutschen Image-Motiven einen Blumentopf zu gewinnen. Das Cover der LP zeigt einen stilisierten Volksempfänger[151], und gegenüber der Zeitschrift „Creem“ ließ Hütter noch dazu allerlei latent Deutschtümelndes verlauten: „Wir schöpfen aus unserer Muttersprache, dem Deutschen, und bedienen uns der Maschinen, die die deutsche Industrie herstellt“[152]. Dazu ließen sich die Musiker als „Tüftler“ in weißen Laborkitteln und mit Gummihandschuhen in einer

Generatorenhalle fotografieren[153], und Hütter bezeichnete die Gruppe als „Kinder von Wernher von Braun und Fritz Lang“.[154] Wernher v. Braun war nun allerdings eine ambivalente Gestalt. In den 1960ern wurde er uns Kindern und Jugendlichen noch als Genie verkauft; er sorgte mit seiner Autobiografie, die zigtausenden von raumfahrtbegeisterten Jugendlichen unter den Tannenbaum gelegt wurde, auch selbst für ein solches Bild.[155] Aber auch damals konnte man von seinen Aktivitäten während der Nazizeit bereits gehört haben. Und wer das deutsche Image kennt, das in den USA vielfach unterschwellig noch heute kursiert, kann sich an den Fingern abzählen, wie Hütters Bemerkung hier interpretiert wurde.[156]

Deutlich naheliegender war da schon die Bezugnahme auf den Regisseur Fritz Lang, der Deutschland der Nazis wegen schon 1933 verlassen hatte. Sein 1943 in Zusammenarbeit mit Bert Brecht in den USA entstandener Film *Hangmen Also Die!* hätte wohl ausgereicht, ihn ins KZ zu bringen, hätten die Nazis noch die Möglichkeit gehabt, seiner habhaft zu werden.[157] In den Tracks „Metropolis“ und „Die Mensch-Maschine“ vom 1978er Album *Die Mensch-Maschine* bezog sich Kraftwerk gleich zweifach auf ihn, und der spätere Ruhm der Gruppe in den USA gründete durchaus auch auf einer stets konsequent durchgehaltenen ästhetischen Strenge, die sie auf Platten präsentierte und auf die Bühne stellte. Diese Strenge hatte ihre Wurzeln nicht zuletzt auch in der Filmsprache Langs.

Der *Radio-Activity*-Flop in den USA hat auch und gerade mit der Wahrnehmung der „Autobahn“-Single als Novelty-Song zu tun: Man hatte „Autobahn“ gehört, hatte darüber geschmunzelt oder war verblüfft, aber das war es dann. Als eigenständiges Genre ist der Elektronik-Pop in den USA auch durch KRAFTWERK nicht sicht- beziehungsweise hörbar geworden.

## DEUTSCHE CHARTS

Mit dem Rückenwind des *Autobahn*-Erfolges in den USA wurde die Single-Version auch in Deutschland veröffentlicht. Man entschied sich dafür, die US-Singleversion zu übernehmen. Mit dem „Morgenspaziergang" als B-Seite wurde die Scheibe in eine Hülle gesteckt, die, von der größeren Schrift abgesehen, im Prinzip dem deutschen LP-Cover entsprach, allerdings rechts oben mit einer Art Banderole versehen war: „From The U.S. Top LP" – diesen Hinweis ließ man sich natürlich nicht entgehen. Ob er viel geholfen hat – wer weiß. Am 11. Mai 1975 jedenfalls trat die Single in die deutschen Charts ein und erreichte als höchste Position Rang 9, womit sich „Autobahn" in die Reihe der Werke einreiht, die erst auf dem Umweg über das Ausland in ihrer Heimat zu Hits wurden. Das Album erreichte vier Tage später Rang 7.[158]

## UK-SINGLE

Auch für Englands populärstes Radioprogramm, BBC Radio 1, galt eine mehr oder weniger streng gehandhabte Drei-Minuten-Regel. Die stammte noch aus Zeiten, als die

BBC im ständigen Clinch mit den Musikergewerkschaften um die sogenannte *needle time* lag, die regelte, wann und wie lange überhaupt Schallplatten gespielt werden durften. Außerhalb dieser *needle time* galt, dass von BBC-Orchestern gespielte Coverversionen gesendet werden mussten. Es dauerte, bis man den Gewerkschaften klarmachen konnte, dass, erstens, auch an Schallplatteneinspielungen wirkliche Musiker beteiligt waren, und dass, zweitens, von den Hörern im Fall von Pop- und Rockmusik *ausschließlich* die originale Plattenversion als „die richtige" angesehen wurde – und schließlich war ja Radio 1 ins Leben gerufen worden, um die Hörer zurückzugewinnen, die in den 1960ern zu Hunderttausenden von der BBC zu den Piratensendern oder zum englischen Programm von Radio Luxembourg entfleucht waren. Das überzeugte schließlich auch die Musikergewerkschaften.

Nur in Nachtsendungen konnten bis dahin DJs wie etwa John Peel auch Originale senden (und taten es auch), ebenso wie Langfassungen.

Weshalb in Großbritannien nicht auch die US-Version von „Autobahn" veröffentlicht wurde, lässt sich nicht wirklich ergründen. In Großbritannien jedenfalls kam eine von der amerikanischen Version abweichende Schnittfassung in die Läden, die mit 3:09 sogar noch kürzer war als die US-Fassung. Das Label der englischen Single zeigt den Hinweis „Highlights from the album *Autobahn*"[159], und sie hat als B-Seite nicht den „Morgenspaziergang", sondern die „Kometenmelodie 1". Leicht gerafft ist auf der UK-Single das Intro zu hören, das Auto fährt (korrekt) von rechts ein, es fehlt aber vollständig die „Au–to–baaahn“ singende Vocoderstimme. Die Gesangsstrophe A läuft in voller Länge durch, bis zum „Glitzerstrahl“. Der Flöten-/Gitarrenpart (Instrumentalpart 1 des Originals) fehlt dann komplett, das Stück springt sofort in den Instrumentalpart 2. Dem schließt sich noch kurz die Bassmelodie des Intros an, um dann in einem rasant zusammengeschnittenen Schlussakkord zu enden.

Es ist eindeutig, dass in England jemand den Sinn des Stücks völlig anders interpretiert hat als der amerikanische Bearbeiter; die britische Single macht deutlich stärkeren Gebrauch von den geräuschhaften, dynamischen Aspekten der Langfassung. Entstanden ist diese Fassung bei der britischen Vertigo, ins Runout der Single sind die Namen „Steve & Ralph“ eingraviert. Es ist nicht bekannt, ob dies die Bearbeiter waren und ob der „Ralph“ möglicherweise sogar Ralf Hütter gewesen ist.

Zwar hatte der britische „Melody Maker“ zu nörgeln: „Rückgratloser, emotionsloser Klang ohne Abwechslung, wenig Geschmack“[160], aber dennoch erreichte die Single am 10. Mai 1975 Rang 11 der UK-Charts und hielt sich dort neun Wochen lang.[161] Was wieder einmal zeigt, dass der Einfluss der Kritik nicht unendlich weit reicht. Wie schon Bob Dylan erkannte: „Reviews don't sell records“.[162]

Das Album erschien in Großbritannien mit anderem Cover, nämlich dem blauen deutschen Autobahn-Schild, es erreichte Rang 4 der Albumcharts.

Kraftwerk-Biograf David Buckley sieht einen Grund für den Erfolg Kraftwerks in Großbritannien auch darin, dass sie durch ihre Kurzhaarfrisuren zu einem Modephänomen wurden.[163] Das kann wohl sein, allerdings stand die New-Wave-Ära ohnehin vor der Tür, und ich bezweifle, dass KRAFTWERK der Erfolg mit den Kurzhaarfrisuren allein gelungen wäre.

## INTERNATIONALE CHARTS

Die Unterschiedlichkeit nationaler Geschmäcker zeigte sich ebenso wie die Richtigkeit von Dylans Satz auch an den Platzierungen, die die „Autobahn"-Single in weiteren internationalen Charts erzielte:

Australien (30)
Belgien (27)
Irland (20)
Kanada (12)
Niederlande (16)
Neuseeland (4)
Österreich (15)
Südafrika (15)

Das Album verkaufte in Deutschland rund 160.000 Einheiten, in Großbritannien rund 60.000, in Frankreich 100.000 (= Gold 1977).[164] Aber es konnte auch in die Gegenrichtung gehen; in Dänemark etwa verkaufte das Album gerade mal 800 Einheiten. Da zeigen sich nationale Geschmacksunterschiede, möglicherweise auch unterschiedliches Marketing.

## „MUSIKEXPRESS"-SINGLE

Bliebe noch auf die bislang letzte Bearbeitung der Originalversion hinzuweisen: Sie erschien am 14. März 2019 in blauem Vinyl als Beilage zur Zeitschrift „Musikexpress". Der Edit stammt von Ralf Hütter selbst, ist also „letzter Hand" und darf wohl als eine von ihm gewollte „definitive Version" gesehen werden – sozusagen eine Art „Director's Cut". Die einseitig bespielte Single wäre mit 4:35 zu lang für das US-Radio, aber um einen Radio-Edit ging es hier nicht mehr.

Interessant ist, dass sich Hütter in den Credits hier auch als Gitarrist nennt, zudem werden Hütter und Schneider als Spieler des elektronischen Schlagzeugs benannt.[165]

## AUTOBAHN AUF CD

Es verdient festgehalten zu werden, dass die erste CD-Version des originalen *Autobahn*–Albums im Jahr 1988 in Japan erschien. Die erste deutsche CD-Ausgabe kam erst kurz danach.[166] Dankenswerterweise hat man darauf verzichtet, die CD mit wie auch immer gearteten Bonus-Tracks auszustatten. Die sind zwar im Allgemeinen recht beliebt, sie hätten aber in diesem Fall den in sich geschlossenen Charakter des Albums zerstört.

Die CD-Hülle enthält als Booklet das originale Emil-Schult-Gemälde, auf der Rückseite ist jedoch ein schwarzweißes Foto der Gruppe zu sehen. Es zeigt die Band bereits mit Karl Bartos, der der Gruppe zu Zeiten der *Autobahn*-Einspielung noch gar nicht angehörte. Die Innenseite des vierseitigen Booklets zeigt das blaue Autobahn-Hinweisschild.

# AUSFAHRT

*Autobahn* wurde schnell zu einer Art *Signature*-Nummer der Band und blieb natürlich dauerhaft im Repertoire. Aber KRAFTWERK wäre nicht KRAFTWERK, wenn die Gruppe dieses Stück einfach nur unverändert beibehalten hätte. Und so gibt es sowohl auf Tonträgern wie auch auf der Bühne eine Reihe von Variationen oder Fortschreibungen, teils live, teils im Studio produziert. Und auch andere haben sich an dem Stück versucht.

Ab 1974 hat KRAFTWERK „Autobahn“ live in verschiedenen Varianten gespielt, die vor allem in der Länge schwankten. Es sind Konzerte bekannt, auf denen eine circa zwölfminütige Fassung gespielt wurde, gelegentlich mit dem Gag eines stotternden Anlassers am Anfang – der Sampler macht's leicht. Für Festivalauftritte gibt es eine noch kürzere Version von circa achteinhalb Minuten.

Eine relativ typische Live-Version von 1975 in normaler 26-Minuten-Länge lässt sich nachhören auf der CD *Super Golden Radio Shows*[167]. Der Mitschnitt scheint bei einer „Nachtkonzert“-Veranstaltung des WDR entstanden zu sein, und etwa so wie hier – zwischen 18 und 21 Minuten – ist das Stück auch während der US-Tournee gespielt worden.

Als kleine Nebenerkenntnis übrigens zeigt die WDR-Aufnahme, dass zu dieser Zeit auch Titel der ersten drei

Alben, etwa „Ruckzuck“ oder „Tanzmusik“, noch im Live-Programm waren – das heißt also *nach* dem Erscheinen des *Autobahn*-Albums. Das ist insofern interessant, als *Autobahn* ja heute von der Band als das „eigentlich erste gültige“ Album bezeichnet wird, die drei davor seien „Nullnummern“ oder „Archäologie“ gewesen.

Ebenfalls wird auf alten Livemitschnitten wie diesem anschaulich deutlich, dass die KRAFTWERKER damals die Gewohnheit hatten, ihre Auftritte durch endloses Stimmen der Instrumente zu strecken, um trotz des noch geringen Repertoires auf eine akzeptable Konzertlänge zu kommen.[168] Völlig zu vermeiden waren solche Überbrückungspausen allerdings tatsächlich nicht. Selbst, wenn man die Synthesizer und Sequenzer zum Warmlaufen schon deutlich vor Konzertbeginn einschaltete, konnten sie sich durch die Wärme der Scheinwerfer und – in kleineren Hallen sogar durch die bloße Anwesenheit des Publikums und die von ihm ausgehende Körperwärme verstimmen. Selbst kleine, von außen kommende Schwankungen der Netzspannung konnten sich unangenehm bemerkbar machen, etwa dann, wenn in umliegenden Fabriken die Spätschicht zu Ende ging und viele Maschinen gleichzeitig abgeschaltet wurden; in Kleinstadt-USA gern auch dann, wenn gegen Viertel vor 11 in fast jedem Haus und jeder Wohnung nach dem lokalen Wetterbericht der Fernseher ausgeschaltet wurde.[169] – Wie unvermeidlich auch immer, diese Stimmroutinen hätte man sicherlich auch ein paar Takte schneller abhandeln können.

Die längste mir bekannte „Autobahn“-Fassung dürfte mit rund 42 Minuten am 27. März 1975 in Leverkusen gespielt (um nicht zu sagen: zu Tode geritten) worden sein. Aber auch das war damals eine Art „Nebeneffekt" bei KRAFTWERK-Konzerten, mit dem man rechnen musste: So mancher Gag, ebenso etliche spezielle Showeffekte wie etwa das stufenweise Hochfahren der verschiedenen Lichtquellen, wurden mit langem Vorlauf aufgebaut und oft bis zum Gehtnichtmehr strapaziert. Meist spielte dabei auch der sich schließende und wieder öffnende Vorhang eine Rolle.

Zur Welttournee 1981 hat die Band ihr Equipment in transportable, auf Paletten stehende Einheiten transferiert, die auf der Bühne in einer Art Bumerang-Formation aufgestellt wurden. Damit stand praktisch das komplette Studio auf der Bühne und erinnerte an die Kommandobrücke des schnellen Raumkreuzers Orion; den Hintergrund bildeten vier Videoscreens. Somit hatte dann auch KRAFTWERK seine auf Überwältigung angelegte Techno-Kulisse, doch hatte diese einen deutlich stärkeren (Show-)Charakter als jene, die etwa TANGERINE DREAM präsentierte.

## PAUSE

Nach den auf *Autobahn* folgenden Alben *Radio-Aktivität* (1975), *Trans Europa Express* (1977), *Die Mensch-Maschine* (1978) und *Computerwelt* (1981) bastelten die KRAFTWERKER jahrelang an der Digitalisierung ihres Studios. Dass das zu langen Veröffentlichungspausen führte, muss KRAFTWERK-Fans nicht extra gesagt werden. Die Single „Tour de France" erschien 1983 eher als eine Art Lückenbüßer, weil die Plattenfirma bereits das geplante Album *Techno Pop* angekündigt hatte, welches aber nicht erschien. Bis es dann schließlich unter dem Titel *Electric Café* (1986) doch fertig wurde, dauerte es noch einmal volle drei Jahre.

Diese Pause hatte eine Folge, die der Gruppe kaum gefallen haben kann: Es zeigte sich nämlich, dass die KRAFTWERKER von dem musikalischen Trend, den sie selbst mit ausgelöst hatten, eingeholt worden waren. Um nicht gestrig zu wirken, sahen sich die Väter plötzlich veranlasst, ihre Kinder zu kopieren.

## THE MIX

Bob Kratzner, der Boss des amerikanischen Elektra-Labels, hatte vorgeschlagen, ein *Best of KRAFTWERK*-Album zu machen, sozusagen „The Analogue Years". Das aber mochten sich Ralf Hütter und Florian Schneider nicht vorstellen: Jedes ihrer Alben ist, trotz einer gemeinsamen Handschrift, eine Welt für sich. Die LPs ab *Autobahn* hatten einen – manchmal weitgespannten, aber doch vorhandenen – thematischen Bogen, der nicht zerstört werden sollte. KRAFTWERK präferierte deshalb selbsterstellte Remixe beziehungsweise Neueinspielungen der alten Stücke.

Ihre Antwort auf die über ihnen schwebende „Best-of"-Herausforderung kam 1991 in die Läden: *The Mix*. Das Album (eine Doppel-LP beziehungsweise eine CD) war der Versuch eines Kompromisses, nämlich einerseits die alten Titel erneut, nun aber zeitgemäß, zu präsentieren, andererseits aber ein klassisches „Greatest Hits"-Album zu vermeiden. Dass sie damit das Konzeptalbum-Prinzip doch durchbrachen, spielte anscheinend keine Rolle; vielleicht betrachteten sie aber auch die stilistisch einheitliche Neubearbeitung der Stücke, eben den Mix, per se als Konzept.

Das Equipment der Band war nun weitgehend um ein *Synclavier* herumgestrickt, und die Gruppe hatte den damals noch freien Toningenieur Fritz Hilpert angeheuert, der den Job erhielt, die Originalsounds von den alten 16-Spur-Bändern zu digitalisieren und Synclavier-tauglich zu machen – eine mühselige Kleinarbeit. Um sich mit diesem neuen Instrument vertraut zu machen, nahmen sogar alle drei (Ralf, Florian, Fritz) an einem Synclavier-Workshop in den USA teil,[170] etwas später wurde Hilpert dann fest als Synclavier-Operator engagiert.

Die durch Hilperts Arbeit nunmehr digital vorliegenden Originalsounds wurden auf neue klangliche und rhythmische Fundamente gestellt. Das klingt einleuchtend, aber das Ergebnis war ein Album, das für mein Gefühl weder Fisch noch Fleisch ist. *The Mix* kam nicht nur recht überraschend auf den Markt, sondern klang in meinen Ohren schon bei seiner Veröffentlichung latent angestaubt, und ich war nicht der einzige mit diesem Eindruck. Die KRAFTWERKER hatten natürlich mit einem Zwiespalt zu tun: Wenn man nicht sein eigenes Oldie-Festival werden will, dann muss die Live-Präsentation im Laufe der Jahre aufgemöbelt werden. Die Hörgewohnheiten und Erwartungen des Publikums ändern sich, wobei dennoch bei den meisten Hörern das Original als Maßstab im Hinterkopf bleibt. Wenn man also Änderungen einführt, dann kommt es sehr auf das „Wie“ an. Der Kabarettist Dieter Hildebrandt hat mal irgendwann gesagt: „Wer dem Publikum hinterherläuft, wird auf Dauer nur dessen A.... sehen." Ist KRAFTWERK mit *The Mix* in diese Falle hineingelaufen? Für jemanden, der die Originale kennt, kann sich das so anhören. Folgt man aber den diversen KRAFTWERK-Foren im Web, sieht man, dass für viele Fans gerade *The Mix* der Einstieg in den KRAFTWERK-Kosmos war. Es hat also wieder mal alles zwei Seiten.

Der bis dahin größte Hit KRAFTWERKS, „The Model" (1982, Rang 1 in den UK-Single-Charts, Rang 7 in Deutschland, und gefährlich nahe am Schlager entlangschrammend), fehlt auf dem *Mix* – erklärlich vielleicht, weil es ja eben kein Greatest-Hits-Album sein sollte, aber irgendwie doch ein wenig verwunderlich. „Autobahn" hingegen ist dabei, als einziges Stück aus dem *Autobahn*-Album. Diese Neufassung ist gekürzt auf 9:27, enthält aber in geraffter Form alle Teile des Originals. Die gesamte Textur ist leichter als im Original, der Rhythmus hat durch die nun verwendeten Schlagzeugsounds etwas Hüpfendes, auf die BEACH-BOYS-Harmonie („Glitzer*strahl*") wird verzichtet. Der „Autoradio"-Teil, in dem sich der Song selbst zitiert, hat sogar parodistische Züge: Hier nämlich werden die früheren (beschleunigten) Originalstimmen durch die Robovox ersetzt, und der elektronische Jodler, den sie da eingebaut haben, regt schon zum Schmunzeln an – als hörten wir auf unserer Fahrt einen Volksmusiksender. Das kann man als Selbstironie bezeichnen, es zeigt aber nebenher auch, was Florian Schneiders Equipment inzwischen draufhatte. Im Schlussteil (Gesangsstrophe D) wird der ursprünglich vokale Gesang wiederum durch die Robovox ersetzt, die es 1974 noch nicht gegeben hatte – ein weiterer Beleg dafür, dass die Kraftwerker durch die Entpersonalisierung des Gesangs in die Fußstapfen der Expressionisten und Dada-Künstler und deren Anonymisierungsmethoden traten.

## SAMPLING

1991 war das *Sound Sampling* in der Musikproduktion einerseits schon nicht mehr neu, andererseits aber noch schwer in Mode, und so verfielen die Kraftwerker auf die Idee, für die *Mix*-Version die synthetischen Imitationen der vorbeifahrenden Autos, wie sie in der Originalfassung zu hören sind, mit gesampelten wirklichen Motorengeräuschen zu überlagern. Das lag nahe, und damit war man auch irgendwie wieder ein Stück näher bei der Idee des „Populären Realismus" angekommen – aber nehmen nicht die Realsounds dem Stück genau die künstlerische Magie und Verspieltheit, die die ursprüngliche Version hatte? Deren Witz war ja gerade die phantasievolle Imitation und Persiflage der Motorengeräusche mit dem Synthesizer.

Das ist letztlich eine Frage künstlerischer Ästhetik, und da kann nur jeder seinen eigenen Maßstab entwickeln. Vielleicht hilft es der Orientierung, sich zum Vergleich einmal die erste Platte anzuhören, die ausschließlich aus gesampelten Originalklängen bestand: die „computerakustische Klangsinfonie" *Erdenklang* von Hubert Bognermayr und Harald Zuschrader, erschienen 1982 und realisiert mit dem *Fairlight CMI*[171]. Wendy Carlos' damaliger Kommentar zu der Platte: „Das Medium der elektronischen Musik hat mit Bognermayr/Zuschraders *Erdenklang* eine neue Schwelle überschritten. … Für mich war es ein langer und belastender Weg bis zu diesem Ereignis …"[172] Hört man, wie in *Erdenklang* mit der Sampling-Technologie umgegangen wird, unterschreibt man das gern: Die fünfsätzige Suite nutzt alle möglichen Arten von Naturklängen, verändert sie aber so, dass sie die Substanz der einzelnen Stücke unterstreichen oder auch kommentieren, und auch da gibt es Schmunzelmomente. Aber zu keinem Zeitpunkt rutschen die Samples in einen Parcours von Originalklängen ab, den man als reine Vorführung der Möglichkeiten oder gar als Gag missverstehen könnte.

KRAFTWERK dagegen, so könnte man sagen, hat mit der *Mix*-„Autobahn"-Version die Idee des Samplings eigentlich trivialisiert – denn was hier passiert, das hatte die *Musique concrète* schon viele Jahre früher weitaus origineller mit schlichten Tonbändern zuwege gebracht. KRAFTWERK nutzt modernste Technologie – in diesem Fall das Synclavier –, ohne auf die damit zur Verfügung stehenden neuen künstlerischen Möglichkeiten wirklich zuzugreifen. Dabei zeigt der oben erwähnte Jodler im selben Stück, dass sie zur Selbstreflektion (auch einer selbstironischen) durchaus fähig sind: „Wir machen Heimatmusik aus dem Rhein-Ruhr-Gebiet"[173] lautete passend ein Band-Statement – Autobahnkreuz live, sozusagen.

Karlheinz Stockhausen, der die Musik KRAFTWERKS durchaus kannte, hielt ihnen einige Jahre vorher bereits vor, sie würden sich erstklassige technische Möglichkeiten schaffen wie etwa den Vocoder, um diesen dann aber nur zur Erzeugung simpler „Robot"-Stimmen zu nutzen. Ralf Hütter steht dagegen offensiv zur Einfachheit: „Elektronische Volksmusik schwirrt auch in unseren Gedanken herum, doch ist das nicht unsere Entscheidung. Wenn aber in unserer Musik was drin ist, was die Lebenssituation des heutigen Menschen betrifft und was man verstehen kann, dann haben wir das Gefühl, dass wir unsere Arbeit auf der richtigen Ebene getan haben."[174]

Hat nicht Andy Warhol mit seinen Campbell-Dosen oder Brillo-Boxen gezeigt, dass simple Alltagsgegenstände durchaus kunsttauglich sind, wenn sie in einem herausgehobenen Kontext auftauchen? Ich denke schon. Und wenn wir von KRAFTWERK ab *The Mix* sprechen, dann darf man in diesem Zusammenhang nicht übersehen, dass sich die Gruppe nicht nur von der Plattenproduktion ab-, sondern umso stärker der Live-Präsentation zuwandte. Und was KRAFTWERK seitdem visuell auf die Bühne gestellt hat, das ist nicht nur beachtlich, sondern es wird auch ständig weiterentwickelt. Dass die Gruppe dabei in einer Art Retro-Nostalgie gern an Zukunftsvisionen der Vergangenheit andockt, hat immer zum Spiel gehört.

KRAFTWERK, das kann man nicht deutlich genug unterstreichen, ist nie „nur" eine Popgruppe gewesen, sondern sah sich schon seit Beginn ihrer Karriere eher als Kunstprojekt. Und in diesem Gesamtkontext mögen dann auch simple Motorengeräusche ihren Platz haben.

## LIVE & MEHR

Als der *Mix* erschien, hatte Wolfgang Flür KRAFTWERK bereits verlassen. Er hatte dort schlicht nichts mehr zu tun. Während der Arbeit am *Mix*-Album verabschiedete sich auch Karl Bartos von KRAFTWERK: „Seit fast fünfzehn Jahren war ich bei KRAFTWERK, fühlte mich als fester Teil einer Gemeinschaft, hatte Zeit, Leidenschaft und auch Kreativität investiert, um dann eines Tages ernüchtert festzustellen, dass ich in einer Sackgasse gelandet war.“[175]

Das war ein dicker Strich unter einer Ära. Aber auch eine weitere Änderung ist in diesem Kontext zu bemerken: KRAFTWERK setzte auf ihren Tourneen 1981 und 1991 ebenso wie andere Elektronikbands (etwa TANGERINE DREAM) noch auf eine möglichst technisch aussehende Bühnenkulisse. Es sei mal dahingestellt, wie authentisch die jeweils war; Ralf Hütter zumindest sagt selbst: „Wir waren früher von den 1970er Jahren bis 1981 auf Tourneen, da liefen analoge Tonbandspuren für die Schlagzeuger ab, zu denen sie herumgemimt haben. Die Instrumente waren teilweise gar nicht angeschlossen.“[176] Wer damals genau hingeschaut hat, kann von dieser Aussage kaum überrascht sein.

Nun aber verschwand die sichtbar zur Schau gestellte Technik bei KRAFTWERK, wie echt oder angeschlossen auch immer sie gewesen sein mag, von der Bühne: Ab 2002 gab es dort nur noch vier an Rednerpulte erinnernde Spieltische und als Bühnenhintergrund eine Projektionsfläche. Auf den Spieltischen standen zunächst noch Laptops, später wurden auch diese durch für das Publikum nicht sichtbare (Tablet-)Computer ersetzt.

Es blieb noch lange Zeit der Vorhang, der im Laufe des Abends mehrfach dramaturgisch eingesetzt wurde (auch die Tendenz zum Auswalzen der Einfälle war geblieben). Dazu wurden nun zu jedem Stück weitgehend synchron laufende Projektionen gezeigt. Florian Schneider wurde nach seinem Abschied von KRAFTWERK im Jahr 2009 auf der Bühne durch einen Video-Operator (zunächst Stefan Pfaffe, aktuell Falk Grieffenhagen) ersetzt, der in die Videos allem Augenschein nach live eingreifen kann.

Schon das *Mix*-Album war produktionstechnisch im Prinzip eine Liveaufnahme gewesen, die ohne Publikum im Studio aufgezeichnet wurde. 2005 erschien als Doppel-CD beziehungsweise Doppel-DVD *Minimum-Maximum*, von der Welttournee 2004, diesmal als Live-Mitschnitt mit Publikum. Die „Autobahn"-Fassung, die in diesem Programm geboten wurde, lief 8:51 und entsprach, von einigen veränderten Sounds abgesehen, weitgehend der *Mix*-Version.

Hier kam auch wieder der bereits früher erwähnte Multimedia-Charakter zum Tragen: Parallel zu den Tonträgern wurde eine Box veröffentlicht, die äußerlich einem Laptop nachempfunden war und neben den CDs und DVDs, einer Druckgrafik und einem Mousepad auch ein Fotobuch mit Konzertfotos von Peter Boettcher enthielt.[177]

Als letzte Zugabe wurde seit der 1991er Tournee und wird noch heute in der Regel „Musique Non-Stop" gespielt, das mit einem Zugabenstopper endet: Die Musiker gehen nacheinander nach jeweils einem kurzen Solo nach rechts ab, jeder mit einer Verbeugung am Bühnenrand. Ralf Hütter verlässt sein Pult als letzter, während die Musik über dem sich schließenden Vorhang noch einen Moment lang weiterläuft: „Diese Verbeugungssache hat sich heuer in Japan spontan entwickelt. Wir waren so angetan von den würdevollen, freundlichen Verbeugungen, dass wir sie in unser

Programm aufnahmen. Was viel zu wenig beachtet wird, ist unser versteckter Witz. Wir tragen schwarz, weil wir einen ebensolchen Humor pflegen."[178] Na ja. Ob Verbeugungen heute schon als schwarzer Humor durchgehen ... Ohnehin hat bereits Joseph Haydn mit seiner Sinfonie Nr. 45 („Abschiedssinfonie") von 1772 diese Idee vorweggenommen: Darin erhebt sich ein Musiker nach dem anderen, löscht die Kerze an seinem Notenpult und geht von der Bühne. Zum Schmunzeln ist das allemal, bei Haydn wie bei KRAFTWERK.

## 3-D

Schon 2009 testete KRAFTWERK 3-D-Projektionen, ab 2011 wurden diese zum festen Programmbestandteil. Dem Publikum wurden entsprechende Brillen ausgehändigt – dankenswerterweise keine kopfschmerzerzeugenden Rot-Grün-, sondern Polarisationsbrillen. Im Oktober 2011 sah man diese Projektionen in der Münchener Alten Kongresshalle. Ergänzend dazu veröffentlichte KRAFTWERK einen Bildband mit dem schlichten Titel „KRAFTWERK 3-D"[179], der Stills aus den Videos und weitere Zeichnungen enthält. Mit einer dem Buch beiliegenden Rot-Grün-Brille erhalten die Abbildungen einen 3-D-Effekt.

## MOMA

Im April 2012 schloss sich dann eine ziemlich legendär gewordene Reihe von acht 3-D-Konzerten im New Yorker

*Museum of Modern Art* an – unvergessen nicht zuletzt deshalb, weil die Nachfrage innerhalb weniger Augenblicke den Server des Ticketanbieters zum Absturz brachte.

Man kann sich darüber streiten, wie weit diese Konzertreihe, die pro Abend eines der acht Alben von *Autobahn* bis *Tour de France Soundtracks* in den Mittelpunkt stellte, wirkliche Fans anzog oder eher die Adabeis und C-Promis aller Schattierungen, für die natürlich New York City immer ein spezielles Pflaster war und ist. Wer jedenfalls an den Abenden vor der Tür des MoMA stand, erlebte, wie sich die Straße von Minute zu Minute mehr in einen Laufsteg verwandelte. KRAFTWERK in New York, das war nicht einfach nur eine Konzertreihe, das war ein Event, über das auch das deutsche Fernsehen berichtete, und selbst ein Rainer Calmund fühlte sich bemüßigt, sich dranzuhängen[180]. Der „New Yorker" schrieb: „Im sechsstöckigen Atrium spielte KRAFTWERK an acht aufeinanderfolgenden Abenden in der chronologischen Reihenfolge ihrer Alben eine gekürzte Version ihres Repertoires. Die Shows pickten die Rosinen aus jedem Album heraus, gefolgt von ungefähr je einer Stunde der bekanntesten Songs der Gruppe. ‚Dies sind keine Konzerte', erklärte Klaus Biesenbach, der Chefkurator des *Museum of Modern Art*, der mit kuratorischer Assistenz von Eliza Ryan die Ausstellung organisiert hat. ‚Dies ist eine Retrospektive; sie ist kuratiert. Sie spielen nicht alles, was sie jemals aufgenommen haben, ebensowenig, wie wir das Museum mit allen Fotos füllen könnten, die Cindy Sherman je gemacht hat.' ... Hütter sagt, die Band arbeite an einem neuen Album, obwohl das zum jetzigen Zeitpunkt ganz und gar überflüssig zu sein scheint. Ihr Altes ist immer noch unser Neues."[181]

Man könnte darüber philosophieren, wie weit es sich um eine „Retrospektive" handeln kann, wenn man die alten Stücke nicht im Original, sondern in neuen Arrangements aufführt, aber ich will's nicht übertreiben.

Ergänzend gab es im *MoMA PS1*[182] im Stadtteil Queens in einer Art Iglu-Zelt eine Videoshow, die in 2-D und erstaunlich flauer Tonqualität die Videos zu den Signature-Stücken der acht Alben präsentierte, die in den Konzerten als 3-D-Projektion liefen.

Die Konzertreihe wurde in den Folgemonaten auch in Düsseldorf, London, Tokyo und einigen anderen Plätzen gespielt, Einzelkonzerte gab es u.a. in Seoul und Hong Kong.

## DER KATALOG

Wohl in Vorbereitung auf diese Events und die sich anschließenden Tourneen hat KRAFTWERK im Jahr 2009 unter dem Titel *Der Katalog* beziehungsweise *The Catalogue* alle Originalalben von *Autobahn* bis *Tour de France Soundtracks* remastered und sowohl als Boxset wie auch einzeln wiederveröffentlicht.[183] An *The Mix* gab es nicht viel zu remastern, die *Katalog*-Version ist deshalb weitgehend identisch mit der Erstveröffentlichung von 1991. Geringfügig anders sieht es mit der *Katalog*-Fassung der *Autobahn*- und *Radio-Aktivität*-Alben aus: Spuren früheren Bandrauschens sind getilgt worden, die Positionierung der einzelnen

Stimmen und Instrumente im Stereo-Panorama ist klarer; man merkt dies besonders im Kopfhörer.

## 3-D KLANGPROJEKTION

Ergänzend zu den 3-D-Projektionen hat sich KRAFTWERK auch um die akustische Seite bemüht. Quadro-Effekte gab es schon bei den Konzerten 2002, später aber wurde unter dem Begriff „Wellenfeldsynthese" ein Klangprojektionsverfahren installiert, das ein dreidimensionales Hören ermöglicht. Perfekt ist leider auch das nicht, der Standpunkt des Hörers im Saal spielt noch immer eine große Rolle, aber der Effekt ist immerhin an jedem Ort im Saal differenzierter wahrnehmbar als beim klassischen vierkanaligen Quadro. Das Verfahren erfordert 32 Tonkanäle, ist deshalb aufwendig zu installieren und wurde nur bei Konzertreihen angeboten, bei denen KRAFTWERK mehrere Abende hintereinander spielte.

So originell das alles auch war, eines ließ sich nicht ändern: Der volle Effekt der 3-D-Projektionen erschloss sich nur, wenn man einen zentralen Blick auf die Bühne hatte, zu den Rändern hin hatte man mit Doppelkonturen zu kämpfen. Zudem wurden die Papp-Brillen nach einer Weile lästig, besonders für Brillenträger. Und war der 3-D-Effekt zunächst auch frappierend, so verlor er nach einer halben Stunde doch allmählich seinen Reiz. Auch in den Kinos ist die 3-D-Welle inzwischen wieder abgeebbt; die Zuschauer haben gemerkt, dass 3-D keinen schlechten Film rettet, sondern einfach ein zusätzlicher Effekt ist, der sich abnutzt.

Deshalb, und wohl auch, weil sich die benötigte Diffusionsleinwand nicht mehr überall mieten ließ und Ersatzteile für das Equipment nur noch schwer zu bekommen waren, beendete KRAFTWERK die Ära der 3-D-Konzerte im Jahr 2023. Man verabschiedete sich von der aufwendigen Projektion und setzte stattdessen auf LED-Großbildschirme, die man inzwischen überall auf der Welt in jeder Größe mieten kann und für die keine Projektoren mehr benötigt werden, die ja für jeden Raum neu justiert werden müssen.

## ALLES FLIEẞT

Bei allen Liveauftritten und weiteren Tonträgerveröffentlichungen blieb „Autobahn“ im Repertoire, veränderte seine konkrete Gestalt aber immer wieder ein bisschen weiter. Der Aufhänger blieb jedoch stets die *Mix*-Version, die früheren 22:40 Minuten werden seitdem nicht mehr ausgespielt. In der bislang neuesten Weiterentwicklung von 2017 lehnt man sich aber wieder verstärkt an das Original an: Die elektronische Percussion entspricht wieder jener der ursprünglichen Einspielung, und das tut dem Stück sehr gut. Alle Teile werden aufgegriffen, nur ist das Ganze gestrafft auf jetzt rund 15 Minuten.

Aufs Ganze gesehen ist „Autobahn“ über die Jahre stromlinienförmiger geworden. Das Werk wurde so zu einem fließenden Bestandteil der Setlist, hat aber dadurch nach und nach auch seinen Status als eines *der* Highlights der Konzerte verloren, den es für mein Gefühl einmal innehatte. Ähnliches lässt sich über die aktuellen Versionen von „Trans Europa Express“ und „Neonlicht“ sagen, auch das derzeit gespielte Arrangement des „Models“ klingt für mein Gefühl ein wenig schlapp. Man mag es bedauern, aber wenn man Veränderung einfordert, darf man sich nicht beklagen, wenn sie eintritt.

## 3-D DER KATALOG

Im selben Jahr 2017 schnürte KRAFTWERK erneut ein Paket für die Fans: *3-D The Catalogue* beziehungsweise *3-D Der Katalog* nannte es sich diesmal, acht CDs beziehungsweise neun LPs, gemäß Aufschrift auf der Box „Neue Aufnahmen 2012-2016“[184]. Es soll sich um Live-Aufnahmen aus 13 Städten handeln, entstanden zwischen den Jahren 2012 und 2016.[185] Die Aufnahmeorte werden zwar genannt, überprüfbar ist dies jedoch nicht, da kein Publikum und auch keine Saalakustik zu hören ist. Theoretisch könnte das fast alles am Laptop in einem Hotelzimmer zusammengemixt worden sein. (Generell gilt: Je stärker eine Show auf Computereinsatz beruht, desto mehr relativiert sich auch der Begriff „live“, aber das ist natürlich nicht nur bei KRAFTWERK so.) Dieses neue Boxset enthält wieder alle acht Alben ab *Autobahn*, diesmal aber hört man auf den Platten das, was KRAFTWERK aktuell auf der Bühne präsentiert – und da sind die Unterschiede zu den ursprünglichen Originalplatten erheblich. Die Blue-Ray-Version des Boxsets enthält auf vier Discs die Videos, die in der Show gezeigt werden, gelegentlich mit den eingeblendeten Musikern, meistens aber pur.

Das *Autobahn*-Album ist in diesem Set jetzt auf insgesamt 27 Minuten zusammengeschrumpft, das Titelstück nimmt davon 14:27 ein, wobei – wie schon erwähnt – die Percussion sich nunmehr wieder weitgehend an das alte Original anlehnt.

## KOPFBÄLLE

Im Januar 2018 wurde Kraftwerk für das *3-D*-Boxset mit einem Grammy („Best Dance/Electronic Album") ausgezeichnet.[186] Der interessanteste Aspekt des Sets ist sicherlich die CD/LP 7, hinter der sich *The Mix* verbirgt, der nun aber als *Headphone-Mix* firmiert.

Da wir mit unseren Ohren nicht nur „links" und „rechts" wahrnehmen, sondern auch „oben" und „unten" sowie „vorn" und „hinten", und wir normalerweise auch die ungefähre Entfernung eines Schallereignisses einschätzen können, wird bereits seit Urzeiten der Stereophonie daran gebastelt, diese Wahrnehmung auch in aufgezeichneter Form wiedergeben zu können. Das wahrscheinlich bekannteste Verfahren ist die *Kunstkopf-Stereophonie*, deren Trick darin besteht, dass statt normaler Mikrofone bei der Aufnahme ein künstlicher Kopf mit natürlich geformten Ohren verwendet wird; die Mikrofone sitzen darin dort, wo beim Menschen die Trommelfelle sind. Hört man sich eine mit dem Kunstkopf entstandene Aufnahme mit Kopfhörern an, erhält man den Höreindruck, den man gehabt hätte, wenn man an Stelle des Kunstkopfes gesessen hätte. Das aber ist auch schon der Haken: Man benötigt Kopfhörer. Über normale Lautsprecher gehört, ergibt sich ein meist etwas verwaschen klingender einfacher Links-Rechts-Stereoeffekt. Zudem gibt es einen physiologischen Störfaktor: Auch mit Kopfhörern ist bei Kunstkopf-Stereophonie die Ortung der vor uns liegenden Schallereignisse unbefriedigend. Das liegt daran, dass wir das, was sich vor uns abspielt, unter normalen Umständen auch sehen.

Trotzdem gibt es eine Reihe von Schallplatten, die Kunstkopfstereo-Effekte enthalten. Wolfgang Dauners *Kunstkopfindianer* (1974) und Edgar Froeses *Aqua* (1974) wären zu nennen, ebenso CANS *Flow Motion* und *Saw Delight* (1976 beziehungsweise 1977).[187] Verglichen allerdings mit der Intensität, die der Kunstkopfeffekt bei einigen Hörspielproduktionen des Rundfunks hatte, sind die Ergebnisse bei diesen Platten bestenfalls ein Abglanz.

Um die Hörer vom Kopfhörer zu befreien, wurde ein *Holophonics* genanntes Verfahren entwickelt, das den 3-D-Stereoeffekt über normale Lautsprecher transportieren soll. PINK FLOYDS Album *The Final Cut* (1983) wurde so aufgenommen. Der Effekt funktioniert halbwegs, aber auch nur dann, wenn man an einem ganz bestimmten Punkt vor den Lautsprechern sitzt, deshalb sind auch hier Kopfhörer die bessere Lösung.

Inzwischen – und da sind wir nun bei dem KRAFTWERKSCHEN 3-D-Mix – ist ein Verfahren entwickelt worden, das den Kunstkopf elektronisch simuliert. Während also etwa bei dem CAN-Album *Flow Motion* die Instrumente noch wirklich um den Kunstkopf herum aufgebaut waren (beziehungsweise Lautsprecher mit der jeweiligen Instrumentenspur), so lässt sich nun eine 3-D-Mischung unmittelbar am Mischpult vornehmen. Weil das Ganze allerdings wiederum nur mit Kopfhörern vernünftig funktioniert, nennt sich das Verfahren *Headphone Surround*. Auf der Blue-Ray-Version liegt das Ganze auch in *Dolby Atmos* vor. Das Ergebnis ist wahrnehmbar plastisch, aber letztlich nicht überzeugender als der frühere Kunstkopf-Stereoeffekt. Wie auch immer, Fritz Hilpert wurde für den Mix dieser CD für einen Grammy („Best Surround Sound Album") nominiert.[188]

## UND NOCH

„Autobahn" ist attraktiv genug, einige andere Bands und Musiker zu Coverversionen angeregt zu haben. Relativ dicht am Original etwa bewegt sich die Einspielung einer No-Name-Band von 1975 für die LP-Serie *Top Of The Pops* des englischen Billiglabels Hallmark. Anders dagegen SEÑOR COCONUT Y SU CONJUNTO (alias Uwe Schmidt, Atom Heart oder AtomTM): Er hat im Jahr 2000 aus dem Stück eine nette Cumbia gemacht – selbstverständlich mit dem fehlzündenden Motor einer Schrottkarre. HEROD aus Brasilien lieferte 2017 eine krachende Hardrock-Version; es gibt sogar textlose Playbacks für Karaoke-Gesangsversuche.

Ebenfalls nicht unbedingt todernst gemeint sind zwei Kammermusik-Versionen. Wer mal Jimi Hendrix' „Purple Haze" in der Fassung des KRONOS QUARTETS gehört hat, weiß, dass das geht. Aber „Autobahn"? Da traute sich als erstes das Balanescu Quartet heran und spielte – neben einigen weiteren Stücken Kraftwerks und David Byrnes – auf dem Album *Possessed* (1992) „Autobahn" als Streichquartett. Einen ähnlichen Versuch startete 2017 das Ensemble Rei, wiederum ein Streichquartett, aber mit einem zusätzlichen Kontrabassisten und einer deutlich stärkeren Portion Aggressivität. Die Ergebnisse sind in beiden Fällen Geschmackssache, aber den Versuch sind sie allemal wert.

Die Bigband des Hessischen Rundfunks spielte auf dem 44. Deutschen Jazzfestival Frankfurt 2013 eine schräge Big-Band-Version, in der auch einige Samples aus der *Mix*-Fassung verwendet wurden. Das ist witzig gemeint und exzellent gespielt, funktioniert aber dennoch nicht richtig, weil „Autobahn" nun mal in einer völlig unjazzigen Tonart steht – da hilft auch das ellenlange und etwas formlose Saxophonsolo nicht.

Das Internet bietet noch manch Sinnvolles und weniger Sinnvolles; viel Vergnügen beim Suchen. Auch sehenswert ist ein ziemlich trippiger Animationsfilm von Roger Mainwood (1979) – elfeinhalb Minuten, unterlegt mit einer gekürzten Fassung des originalen „Autobahn"; die Band hat mit dem Film nichts zu tun.

## RUNDE 50

Und alles dies begann vor 50 Jahren mit der Veröffentlichung einer Schallplatte. Einer Schallplatte, von der damals niemand hätte sagen können, dass sie Popgeschichte schreiben würde, aber so kam es. Und was immer danach mit und aus den knapp 23 Minuten „Autobahn" gemacht und variiert worden ist: Es ist diese Platte von 1974, es ist genau diese Einspielung, die den Maßstab für alle weiteren Fassungen setzt.

Kaum ein Musikstück hat den deutschen Zeitgeist jener Jahre so präzise umgesetzt und ist dennoch nicht mit ihm gealtert. Mögen viele das Auto heute vor allem als Klima- und Umweltproblem sehen, so ist es doch im Selbstverständnis der meisten Deutschen noch immer in erster Linie ein Freiheitsversprechen. „Autobahn" bleibt gültig. Wer weiß, vielleicht werden zukünftige Hörer dank ihrer dann elektrisch angetriebenen Autos die Motorengeräusche der „Autobahn"-Verbrenner-Autos nicht mehr zu deuten wissen, aber sie werden dann immerhin eine Platte haben, die ihnen zeigt, wie sich Autos einmal angehört haben.

Und Kohoutek, der Komet von Seite 2, wir wollen ihn nicht vergessen, war zwar beim Erscheinen des Albums schon wieder ins kalte All zurückgekehrt, aber er wird in rund 78.000 Jahren wieder zu sehen sein. Ich freue mich schon heute darauf. Bis dahin bleibt uns seine Melodie. Denn auch das ist das *Autobahn*-Album: ein Stück deutscher Naturromantik. Und ewig rauschen die Wälder – gerade in ihrer klanglichen Künstlichkeit.

Mein Exemplar der LP hat die Zeit gut überstanden. Es ist die deutsche Erstpressung; heute steht sie friedlich neben der etwas mitgenommeneren amerikanischen Pressung im Regal. Obwohl sie wahrscheinlich viele Dutzend Male aus der Innenhülle genommen und wieder hineingeschoben wurde und sie auch so manche Party überlebt hat, stören auf der Platte kaum Knistern, kaum Knackser, versehentlich daraufgestreute Zigarettenasche oder deutlich hörbare Laufgeräusche. Noch immer genieße ich den Klang des Tonarms, wenn er mit einem „Plopp“ in die einleitende Leerrille springt, noch immer passt der warme, analoge Klang der Aufnahme optimal zu dem Medium, auf dem er festgehalten wurde. Manche, wie ich gelesen habe, halten die Platte sogar für audiophil.

Bis heute löst *Autobahn* keine nostalgischen Gefühle in mir aus, die Platte klingt frisch wie eh und je. Mögen spätere digitale Restaurierungen auch knack-, knister- und rauschfrei daherkommen, es bleibt doch bei dem, was der BBC-DJ John Peel sagte: „Jemand wollte mir erzählen, CDs wären besser als Vinyl, weil sie keine Oberflächengeräusche hätten. Ich sagte, ‚Hör mal, Mann, *das Leben* hat Oberflächengeräusche.‘“[189]

„Vinyl“ hat allerdings damals niemand gesagt. Diese Bezeichnung kam erst später. Wir sprachen von Platten, LPs, Alben oder Singles, oder schlicht von „Scheiben“, und deshalb habe ich das auch in diesem Buch so gehalten.

Was früher ein eher seltenes Ereignis war, sieht man seit einiger Zeit häufiger: Festivalauftritte von KRAFTWERK, dann meist als Headliner. Weltweit wird das Erscheinungsbild der Gruppe auf der Bühne, aber auch in Karikaturen und Pressefotos, von vielen Fans noch immer verbunden mit den roten Hemden und schwarzen Krawatten, obwohl die Musiker diese Kluft schon lange nicht mehr tragen. Im Sinne eines Markenzeichens wird diese Pseudo-Uniform aber nach wie vor mit den „Robotern“ assoziiert, den beweglichen Kleiderständern, die bei ihrem Erscheinen auf der Bühne fast mehr Beifall einheimsen als die wirklichen Musiker. Dieses Image hat sich in den Gehirnen der Fans aller Generationen festgesetzt und wird dort nicht mehr herauszubringen sein. Popmusik ist mit bestimmten Images verbunden, und was immer KRAFTWERK auch sonst noch an Symbolik in ihre Stücke eingebaut hat – Radios, Eisenbahnen, Rennräder, Taschenrechner, Neonlichter: Die Roboter sind die erste Assoziation. Und doch hat auch „Autobahn“ noch immer seinen Platz in KRAFTWERKS Live-Repertoire. Vor allem aber: in meinem Musikgedächtnis. Dort wird es bleiben, und zwar in der Urfassung. Trotzdem riskiere ich die Voraussage: Die Rezeptionsgeschichte dieses Ausnahmestücks ist auch nach 50 Jahren noch nicht zu Ende geschrieben. Wir fahr'n, fahr'n, fahr'n.

# ANMERKUNGEN

1 Da der Verfasser dieses Buches in Hamburg lebte, ist dieses Buch weitgehend aus der Perspektive der damaligen Bundesrepublik geschrieben.

2 Es gab von diesem nach seinem Erfinder Paul Tanner benannten Instrument nur ein einziges Exemplar; Tanner selbst spielt es in drei Stücken der BEACH BOYS („Good Vibrations“, 1966, „I Just Wasn't Made for These Times“, 1966, und „Wild Honey“, 1967).

3 Kingsley, bürgerlich Götz Gustav Ksinski aus Bochum, war übrigens auch jahrelang der Hauspianist des *Düsseldorfer Kom(m)ödchens*.

4 Die Geschichte, wie und warum Eberhard Schoener in den Besitz dieses Instrumentes kam, das vorher John Lennon gehört hatte, ist abenteuerlich-märchenhaft. Nachlesen können Sie sie in „Der Sound der Jahre“ – bitte hier entlang: Reetze 2022, S. 317-323.

5 Edgar Froese, ca. 1970 in einem Pressestatement des Ohr-Labels, zit. n. Ehnert 1975, S. 199

6 Mehr über Kaiser und sein Reich finden Sie in „Der Sound der Jahre“, siehe Reetze 2022, S. 269-296

7 Winfrid Trenkler, in: Legath 1979, S. 336-337

8 Edgar Froese, zit. n. Miersch 2007

9 Edgar Froese, zit. n. Ehnert 1975, S. 201

10 Bodo Staiger, zit. n. Esch, S. 97

11 Holger Czukay, zit. n. Dallach 2021, S. 377

12 Conny Plank, zit. n. Haring 1984, S. 227

13 Miles Davis, zit. n. Lippegaus 1987, S. 286

14 Edgar Froese, zit. n. Miersch 1/2007

15 Vgl. Ehnert/Kinsler 1984, S. 195

16 Vgl. Bussy 1993, S. 27

17 Vgl. Bussy 1993, S. 28

18 Eberhard Kranemann, in: UMG, S. 122

19 In: Legath 1979, S. 184

20 Graves/Schmidt-Joos/Halbscheffel 1998, S. 506

21 Die Vorspannmusik der Sendung war „Waiting“ von SANTANAS erstem Album; das Stück wurde ebenfalls recht populär.

22 „Elektronische Musik“ war damals eine todernste Angelegenheit, die im Wesentlichen aus einigen Experimentalstudios des öffentlich-rechtlichen Rundfunks und einiger Universitäten kam. Die Großschreibung geht auf den langjährigen Leiter des Kölner „Studios für Elektronische Musik des WDR“, Herbert Eimert, zurück. Man sah dort „Elektronische Musik“ als eigenständiges Musikgenre an, wie „Oper“ oder „Schlager“. Bei den Produktionen dieses Studios blieb man bei dieser Schreibweise (vgl. Stock-

hausen 1963, S. 140). Beim Elektronikeinsatz in der Rock- bzw. Popmusik setzte sich die Großschreibung nicht durch.

23 https://www.youtube.com/shorts/06xM48aNlZw

24 Das Stück ist „Cuica“ von Doldingers Unterhaltungsmusikprojekt PAUL NERO SOUNDS, zu hören auf *El Condor Pasa – Paul Nero in South America* (1970). Aus nicht bekannten Gründen wurde Schneider auf der LP nicht genannt, jedoch später in der 3-LP-Kompilation *Doldinger Jubilee* von 1973.

25 Z.B. in „Aquarius“ vom Album *Hair* (1969).

26 Hans-Joachim Roedelius, zit. n. Dallach 2021, S. 370

27 Michael Rother, zit. n. Klotschko 2017

28 Vgl. Amend 2017, S. 20

29 Die erste, wenn die Erinnerung nicht trügt, war *In-A-Gadda-Da-Vida* von IRON BUTTERFLY – die Platte mit dem wohl einfallslosesten Schlagzeugsolo der Rockgeschichte. Eine Scheibe, die ich damals gleichwohl wahnsinnig toll fand, die aber später in die eingangs erwähnte Kategorie der Doch-nicht-so-Wichtigen überging.

30 Vgl. media news of KRAFTWERK, 1971

31 Vgl. Bussy 1993, S. 32

32 Michael Rother, zit. n. Dallach 2021, S. 380

33 Die „media news of KRAFTWERK“ stellen Kranemann neben Florian Schneider-Esleben, Houschäng Néjadepour und Charlie Weiss als Musiker der Gruppe vor.

34 Vgl. Reetze 2022, S. 237-239

35 Vgl. Rudorf 1979, S. 199

36 Klaus Dinger, zit. n. Esch 2014, S. 84

37 Ralf Hütter, zit. n. UMG, S. 25

38 Das Pseudonym setzt sich aus seinem wirklichen Namen Artur Niederbremer zusammen; der bekannteste Hit aus seiner Feder dürfte „Tulpen aus Amsterdam“ gewesen sein. Sein Star-Studio befand sich in einer Stadtvilla im Hamburger Stadtteil Hoheluft; dessen Besonderheit war, dass Regie und Aufnahmeraum in zwei verschiedenen Etagen lagen, man also keine Sichtverbindung hatte. Viele deutsche Schlager der 1970er Jahre wurden hier produziert, etwa fast alle Platten von Vicky Leandros und Alexandra. Arnies Handlungsweise ist ein Beispiel dafür, dass deutsche Rockgruppen durchaus keine Probleme damit hatten, die Hilfe der von ihnen nach außen hin immer verachteten Schlagerszene in Anspruch zu nehmen, und auch die Schlagerleute hatten in Wahrheit keine Berührungsängste.

39 Zit. n. Ehnert/Kinsler 1984, S. 196

40 Ralf Hütter, zit. n. UMG, S. 12

41 Vgl. UMG, S. 14

42 Wer sich auf YouTube durch frühe Live-Mitschnitte KRAFTWERKS fräst, kann hören, wie sich „Ruckzuck" allmählich in frühe Grundformen von „Trans Europa Express" verwandelt.

43 Das war damals noch üblich, Lizenzdeals waren noch nicht sehr gebräuchlich. Die größeren Plattenfirmen hatten zudem eigene Studios und drängten darauf, dass diese benutzt wurden.

44 Heute residiert dort eine Multimedia-Produktionsfirma; zeitweilig fanden im früheren Studioraum im kleinen Rahmen auch Konzerte statt.

45 Bussy 1993, S. 44

46 Vgl. Bussy 1993, S. 44

47 Ralf Hütter, zit. n. Amend 2017

48 Ralf Hütter, zit. n. Koch 2017, S. 41

49 Vgl. Eimert/Humpert 1973, S. 380

50 Vgl. Roedelius 2016, S. 158 bzw. Dallach 2021, S. 393

51 Einige der Originalzeichnungen sind abgebildet in Schult 2017 im Kapitel „Drawings, Outtakes from Music Comics, 1973-1974", ab S. 207

52 Vgl. Bussy 1993, S. 45

53 Emil Schult, zit. n. Bussy 1993, S. 45

54 Zit. n. Legath 1979, S. 684

55 Ralf Hütter, zit. n. UMG, S. 124

56 https://www.youtube.com/watch?v=KUV9rONTXzk – bei 2:20

57 Florian Schneider-Esleben besaß eine weiße, achtsaitige Lap-Steel-Gitarre von Framus, Modell SL 800/1 von 1969 oder 1970, mit einer für Dur- und Molltonarten justierbaren Bridge – auch damals schon ein seltenes Stück. Man sieht das Instrument auf dem Rückcover des *Ralf & Florian*-Albums.

58 Brief von Conny Plank an seinen Anwalt, zit. n. Flür 2013

59 Es zirkulieren in verschiedenen Quellen unterschiedliche Angaben darüber, wer zu diesen Drum-Pads konkret wann was beigetragen hat und wer sie wo spielt. Am Bau beteiligt waren wohl Wolfgang Flür, Florian Schneider und Emil Schult; Genaueres lässt sich aus dem zugänglichen Material nicht ableiten. Flür berichtet in verschiedenen Auflagen seiner Autobiografie in unterschiedlicher Weise; ein Insert in einem auf der „Electro"-Ausstellung im Düsseldorfer Kunstpalast (2021/22) gezeigten Foto stellt die Sache wiederum anders dar. Diese Vorgänge beschäftigten letztlich auch die Gerichte und dürften heute nur noch für Insider zu klären sein.

60 https://www.youtube.com/watch?v=UIbSkw4yvec

61 Klaus Röder, zit. n. Schmidt 2000

62 https://www.youtube.com/watch?v=GdVRg2rFAeg

63 Fairerweise sei es gesagt: Gelohnt hat es sich trotzdem. Es spielte an den beiden Tagen so ziemlich alles, was im deutschen Rock Rang und Namen hatte.

64 UMG, S. 26 und 28, zeigt ein Pressefoto, das laut Bildlegende bei dem Hamburger Auftritt geschossen wurde. Man sieht darauf u.a. Klaus Röder, der jedoch in Hamburg nicht dabei war; der Januar-Auftritt beim HR in Frankfurt war sein einziger zweifelsfrei dokumentierter Auftritt mit Kraftwerk in jenem Jahr. Man darf also annehmen, dass das Foto diesen Frankfurter Auftritt zeigt.

65 Klaus Röder o.J., zit. n. Schmidt 2000 und Röders eigener Website

66 Emil Schult, zit. n. Bussy 1993, S. 52

67 Vgl. Frantz 2020, S. 266

68 Vgl. GEMA (Autobahn)

69 Auf Cover und Label sind falsche Zeitangaben vermerkt: 22:30 (A1) und 4:40 (B3). Die 1975 veröffentlichte US-Ausgabe des Albums hat diese Angaben übernommen.

70 Vgl. Kraftwerk: *Autobahn,* deutsches Cover 1974

71 Vgl. Schult 2017, S. 224

72 Vgl. Schult 2017, S. 227

73 Vgl. Schult 2017, S. 225. Auch für den Titel „Morgenspaziergang“ existiert ein Bild, das allerdings erst 1977 entstand und somit für die LP keine Rolle gespielt hat: „Morningwalk“, Airbrush auf Pappe, 29,7 × 42 cm; vgl. Schult 2017, S. 230-231.

74 Die Zahlen schwanken etwas – je nachdem, was man unter “indirekt“ verstehen möchte; vgl. zum Beispiel Müller-Ermann o.J., andere Quellen sprechen sogar nur von jedem 50. Arbeitsplatz.

75 Winfrid Trenkler, zit. n. Dallach 2021, S. 379

76 Zit. n. Kraftwerk: *Autobahn,* US-Version

77 Anderen Quellen zufolge war es ein Volvo Kombi, aber der VW-Bus scheint mir realistischer zu sein.

78 Hans Lampe, zit. n. Esch 2014, S. 96

79 Vgl. Hamilton 2023, S. 78

80 Hans Lampe, zit. n. Dallach 2014; S. 98

81 Vgl. hierzu auch Buckley 2012, S. 244-245

82 Die Multispurbänder verbleiben normalerweise im Studioarchiv, auch Original-Masters gibt ein Studio möglichst nicht aus der Hand – wenn, dann an den Produzenten. Im vorliegenden Fall, da Connys Studio nicht mehr existiert, werden sich 16-Spur-Band und Master heute im Besitz Kraftwerks befinden – was man schon daraus schließen kann, dass Fritz Hilpert später die Sounds vom 16-Spur-Band für den Einsatz im Synclavier digitalisiert hat.

83 UMG 2020, S. 32

84 Folge 19 von 1980.

85 Zit. n. Legath 1979, S. 864

86 Wolfgang Flür, zit. n. Dallach 2014, S. 98

87 Eberhard Kranemann, zit. n. Dallach 2014, S. 97

88 Dieses Effektgerät reduziert die Lautstärke von S-, F- und P-Lauten, die sonst bei der Aufnahme gern zu Übersteuerungen oder einer zischenden Wiedergabe führen.

89 So gut wie identisch findet man diese Schritte wieder in „Spiegelsaal" auf dem Album *Trans Europa Express.*

90 Bartos 2017, S. 133

91 Hans Lampe, zit. n. Esch 2014, S. 98

92 „Megaherz" war auch der Titel einer Quizshow des Schweizer Fernsehens, aber die Übereinstimmung wird wohl Zufall gewesen sein.

93 Vgl. Baßler 2022, passim

94 Baßler 2022, S. 3-4

95 Klaus Schulze, zit. n. Haring 1984, S. 48

96 Ralf Hütter, zit. n. Graves/Schmidt-Joos/Halbscheffel 1998, S. 506

97 Ralf Hütter, zit. n. Haring 1984, S. 204

98 Baßler 2022, S. 71

99 Zit. n. Ehnert 1975, S. 120

100 Jean-Michel Jarre hat das einmal versucht: Seine LP *Musique pour Supermarché* (1983) wurde nur in einem einzigen Exemplar gepresst und versteigert. Der Käufer zahlte 69.000 Francs. Die Pressmatrize der Platte wurde unmittelbar nach dem Zuschlag zerstört. Die Mastertapes allerdings nicht, und so wurden inkonsequenterweise einzelne Stücke der Platte später auf anderen Alben Jarres doch veröffentlicht (vgl. Palladev 2017).

101 Vgl. Loch 2010, S. 145

102 Vgl. Klaus Meine, in: Morawietz 2006

103 Vgl. „Billboard": RAMMSTEIN Chart History

104 John Peel, zit. n. Sellers 2021, S. 220

105 Durch den Zusammenschluss der Philips-Gruppe und der Deutschen Grammophon Gesellschaft wurde 1972 daraus die PolyGram-Holding.

106 Vgl. Logan/Woffinden 1976, S. 133

107 Tatsächlich wurde mit dem Autobahnbau „nur" fortgesetzt, was in den 1920er Jahren bereits vorgeplant war.

108 „AM" bedeutet „Amplitude Modulation" und ist in den meisten englischsprachigen Ländern die Bezeichnung für den Mittel- und Langwellenbereich. „FM" steht für den UKW-Bereich („Frequency Modulation").

109 Selbst die BEATLES haben sich bis zum *Revolver*-Album nicht für die Stereo-Mischungen ihrer Platten interessiert. Auch ihnen galten die Mono-Mischungen als die definitiven Versionen, die Stereo-Mischungen überließ man schlicht den diensthabenden Abbey-Road-Toningenieuren.

110 Dolby B ist ein 1968 vorgestelltes Verfahren zur Minderung des Bandrauschens bei Tonbändern und Cassetten, das Mitte der 1970er Jahre zum Standard vor allem bei bespielten Cassetten wurde. Um 1980 wurde es durch Dolby C abgelöst.

111 Gelegentlich wird der Quadro-Mix Conny Plank zugeschrieben, wahrscheinlicher ist aber, dass ihn der US-Soundengineer Gilbert Kong angefertigt hat, den man nur leider nicht mehr fragen kann. Es gab diesen Mix später auch übertragen in DTS 5.1 auf DVD. Ich selbst habe keinen dieser Mixe je hören können.

112 Vgl. „Billboard" 200 Chart History

113 Heute hat sich das ein wenig gelockert, damals aber gab es nur sehr wenige Ausnahmen, und das mussten dann schon wirkliche Klassiker sein, so etwas wie „Hotel California" von den EAGLES oder „Stairway To Heaven" von LED ZEPPELIN. Da wagte im US-Radio keiner, die Schere anzusetzen.

114 Vgl. Statement von Eberhard Kranemann (der selbst allerdings auch nicht dabei war), in Esch 2014, S. 99

115 Conny Plank im „Record Mirror", zit. n. Buckley 2014, S. 64

116 Vgl. Wolfgang Seidel, in: Esch 2014, 126

117 Vgl. „Billboard" Hot 100 Chart History (KRAFTWERK)

118 Vgl. Logan/Woffinden 1976, S. 133

119 Zit. n. Ehnert/Kinsler 1984, S. 196

120 Graves/Schmidt-Joos/Halbscheffel 1998, S. 506

121 Vgl. Wikipedia (Charts)

122 Conny Plank, zit. n. Buckley 2012, S. 35

123 Buckley 2012, S. 35

124 Wie ein Musikproduzent bezahlt wird, ist Vereinbarungssache; es gibt keine branchenüblichen Regelungen oder sonstwie festgelegte Honorarsätze. Wie Plank mit eventuell angefallenen Beträgen für Studionutzung umging, ist nicht mehr feststellbar, da er mit verschiedenen Studios eigenständige Deals ausgehandelt hatte.

125 Hans Lampe, zit. n. Esch 2014, S. 100

126 Hans Lampe, zit. n. Esch 2014, S. 94

127 Hans Lampe, zit. n. Esch 2014, S. 96

128 Vgl. Kranemann, in: Esch 2014, S. 99-100

129 Christa Fast, zit. n. Flür 2013

130 Vgl. Kranemann, in: Esch 2014, S. 100

131 Bussy 1993, S. 65-66

132 Hans Lampe, zit. n. Esch 2014, S. 97

133 Michael Rother, zit. n. Esch 2014, S. 100

134 Vgl. Lampe, zit. n. Esch 2014, S. 98

135 Vgl. Krugman 2023

136 Vgl. Flür 1999, S. 105
137 „Bucks County Courier Times", Levittown, Pennsylvania, 25. Mai 1975, S. C14
138 „The Advocate", Newark, New Jersey, 16. Juni 1975, S. 21
139 Zit. n. UMG 2020, S. 33
140 „News Journal", Mansfield, Ohio, 13. Mai 1975, S. 10
141 Vgl. Ehnert/Kinsler 1984, S. 197
142 Nicht alle Konzerte sind bestätigt, einige nicht gelistet; ein paar waren wohl auch „Double Features" mit zwei Gruppen. Vgl. KRAFTWERK (Konzerte)
143 Karl Bartos, zit. n. Buckley 2014, S. 188
144 Noch heute hängt das Konzertplakat, das Emil Schults Covergemälde zeigt, gerahmt in unserem Wohnzimmer, inzwischen ein wenig vom Zahn der Zeit angenagt. Ich erstand es eine oder zwei Wochen nach dem abgesagten Termin auf einem Flohmarkt.
145 Rainer Blome, in: Legath 1979, S. 102
146 In: Legath 1979, S. 1309
147 Zit. n. Legath 1974, S. 408
148 Teja Schwaner, in: Legath 1979, S. 1144
149 Damals waren es die Journalisten, heute erledigen die Fans das gleich selbst. Kaum erschien Billie Eilish nicht in den gewohnten Schlabberklamotten auf der Bühne, sondern in einem eleganten (teuren) Kleid und mit gepflegtem Haar statt der sonst üblichen Zottelfrisur, wurde sie in den sozialen Medien abgestraft: „Sie habe sich ‚verkauft', warfen enttäuschte Fans ihr vor. Sie sei ‚nicht anders als der Rest'. Auf Instagram waren regelrechte Hasstiraden zu lesen." (Vgl. Ribi 2023).
150 Vgl. Reetze 2022, S. 234ff
151 Ein billiges Radiogerät, das die Nazis in Massen produzieren ließen, um ihre Propagandasendungen unters Volk zu bringen, weswegen die Kiste im Volksmund auch „Goebbelsschnauze" hieß. Der Empfänger war technisch bewusst so unempfindlich gebaut, dass man ausländische Sender damit kaum hören konnte. Wenn jemand ein besseres Radio besaß oder es dennoch schaffte, mit dem Volksempfänger ausländische Sender zu hören, dann drohte neben dem Einzug des Gerätes eine Gefängnisstrafe; wer von der Gestapo beim Abhören eines sogenannten „Feindsenders" (das hieß hauptsächlich: BBC oder Voice of America) erwischt wurde, hatte mit Zuchthaus, später sogar der Todesstrafe zu rechnen. Damit das auch jeder wusste, hing am Gerät ein Pappschildchen, das am Abstimmknopf befestigt war; vgl. Wikipedia (Volksempfänger); in den Kinos gab es auf komisch getrimmte Propagandakurzfilme, die auf die Illegalität hinwiesen, etwa *Tran und Helle;* vgl. Footagefarm (Tran und Helle).

152 Zit. n. Legath 1979, S. 1143-1144
153 Vgl. Foto UMG 2020, S. 84 rechts oben
154 Ralf Hütter, zit. n. Graves/Schmidt-Joos/Halbscheffel 1998, S. 506
155 Vgl. Braun 1969
156 Ich empfehle zwei Minuten mit dem US-Liedermacher Tom Lehrer von 1965: https://www.youtube.com/watch?v=TjDEsGZLbio
157 Und wie nicht anders zu erwarten, wurde der Film in Deutschland nicht vor 1958 gezeigt – und floppte.
158 Vgl. Chartsurfer.de
159 Vgl. Discogs (Autobahn UK Single)
160 „Melody Maker", zit. n. UMG 2020, S. 33
161 Vgl. Chartsurfer.de
162 Vgl. Dylan 2004, S. 218
163 Vgl. Buckley 2012, S. 100
164 Vgl. https://bestsellingalbums.org/album/25291
165 KRAFTWERK (*Autobahn* Single, Edit 2019)
166 KRAFTWERK (*Autobahn* CD). Die CD enthält kein Pressdatum.
167 Die „Super Golden Radio Shows" waren eine italienische Graumarkt-Serie, die eine Lücke in der EU-Gesetzgebung nutzte, um ohne Genehmigung der Bands und Musiker Live-Mitschnitte zu veröffentlichen. Auch Orts- und Herkunftsangaben der Aufnahmen sind mit Vorsicht zu genießen.
168 Vgl. Flür 1999, S. 96
169 Die Netzspannung in den USA ist 120 Volt. Da machen sich Schwankungen sofort bemerkbar. Auch Frankreich hatte in den 1970ern noch eine Netzspannung von 110 Volt. Damit hatten Bands auf Tourneen zu kämpfen, insbesondere natürlich jene mit viel Elektronik an Bord: Nicht nur verstimmten sich Synthesizer, auch Sequenzer liefen mit falschen Tempi und mussten neu justiert werden. Das Bühnenlicht übrigens spielte bei den Stromschwankungen kaum eine Rolle, da die Scheinwerfer – in professionellen Hallen jedenfalls – von einem getrennten Drehstromnetz versorgt wurden. In Gemeindesälen, Häusern der Jugend etc. konnte sich dies aber durchaus bemerkbar machen, und wie viele Konzerte unterbrochen werden mussten, weil irgendwo im Haus die Sicherung rausflog, dürfte bei vielen Bands zum ständigen Anekdotenschatz gehören.
170 Vgl. Bartos 2017, S. 452-453
171 CMI steht für "Computer Music Instrument"; der australische Fairlight war der erste praxistaugliche Sampler und setzte sich im Studiobereich trotz seines hohen Preises sehr schnell durch.
172 Wendy Carlos, zit. n. Wikipedia (Bognermayr)
173 Zit. n. Ehnert/Kinsler 1984, S. 197
174 Ralf Hütter, zit. n. Koch 2002, S. 141

175 Bartos 2017, S. 465
176 Ralf Hütter, in: Koch 2023, S. 31
177 KRAFTWERK: Minimum-Maximum Box
178 Ralf Hütter, zit. n. Köck 2008
179 KRAFTWERK: 3-D
180 https://www.youtube.com/watch?v=YcjUUghWQHA&t=514s
181 Frere-Jones 2012
182 PS = Public School, es handelt sich um eine Außenstelle des MoMA in einem alten Schulgebäude im New Yorker Stadtteil Queens.
183 Eigentlich war das schon für 2004 vorgesehen, aber bei KRAFTWERK dauert bekanntlich alles etwas länger. Das ursprüngliche *Electric Café*-Album hat jetzt einen Track mehr („House Phone“) und erscheint unter dem ursprünglich vorgesehenen Titel *Techno Pop.*
184 KRAFTWERK: *3-D The Catalogue* 2017
185 Vgl. Wikipedia (KRAFTWERK)
186 Vgl. Grammy 63rd Annual Award
187 Vielleicht von Interesse auch die (sehr didaktisch angelegte) *LP Kunstkopf-Stereophonie* der BOURBON SKIFFLE COMPANY (1974) oder Wolfgang Michels' *Kunstkopf live – Hamburger Folk-Rock-Session 1975.* Weltbewegend sind aber beide nicht.
188 Vgl. Grammy 60th Annual Award
189 Vgl. Imgur (Peel)

## INFOGRAFIKEN

Die folgenden Anmerkungen stammen vom Grafiker Thorsten Breyer und beziehen sich ausschließlich auf die Infografiken innerhalb des Buchumschlag-Innenteils:

A Vgl. Discogs (KRAFTWERK)

B Wie im Buch erwähnt, gibt es noch weitere unzählige Live-Versionen mit weitaus längerer Laufzeit als bei den genannten Versionen in dieser Auflistung. Die Liste beschränkt sich deshalb ausschließlich auf offizielle physische Tonträger; Vgl. Discogs (KRAFTWERK)

C Inoffizielle und illegale Veröffentlichungen (Bootlegs) wurden nicht berücksichtigt. Vgl. Discogs (Autobahn Album)

D Vgl. Wikipedia (Autobahn Album)

E Vgl. Kraftwerk: *Autobahn;* Vgl. Discogs (Autobahn Album); Vgl. Wikipedia (KRAFTWERK)

F Vgl. Discogs (Autobahn Single)

G Vgl. Discogs (Kohoutek - Kometenmelodie Single)

H Vgl. Discogs (Kometenmelodie 2 Single)

I Die Darstellung der Instrumente basiert auf verschiedenen Quellen, welche sich hauptsächlich auf Beobachtungen und Soundanalysen stützen. Selbstverständlich beansprucht diese Liste keine Vollständigkeit, zudem besteht keine Garantie, dass diese Instrumente wirklich zum Einsatz kamen; Vgl. McNiece, Sam. In: Mixdown; Vgl. Wikipedia (Autobahn Album)

J Eine detaillierte Analyse von Jan Reetze finden Sie im Buch ab Seite 75; Vgl. Kraftwerk: *Autobahn*

# QUELLEN

(Zitate aus englischsprachigen Quellen wurden von mir ins Deutsche übertragen.)

## PRINT


Advocate, The: Newark, New Jersey, 16. Juni 1975

Amend, Christoph: Wenn Roboter reisen. In: Zeit Magazin 21/2017, S. 15-23

Bartos, Karl: Der Klang der Maschine – Autobiographie. Köln 2017

Baßler, Moritz: Populärer Realismus – Vom International Style gegenwärtigen Erzählens. München 2022

Braun, Wernher v. (mit Bernd/Runge): Mein Leben für die Raumfahrt. Offenburg 1969

Buckley, David (with Nigel Forrest): KRAFTWERK Publikation – A Biography. London 2012

Bucks County Courier Times: Levittown, Pennsylvania, 25. Mai 1975

Bussy, Pascal: KRAFTWERK – Man, Machine and Music. Wembley 1993

Dallach, Christoph: Future Sounds – Wie ein paar Krautrocker die Popwelt revolutionierten. Berlin 2021

Davis, Miles (mit Quincy Troupe): Miles – The Autobiography. New York 1990

Dylan, Bob: Chronicles Vol. 1. New York 2004

Ehnert, Günter: Rock in Deutschland – Lexikon deutscher Rock-Interpreten. Hamburg 1975 (1. Auflage)

Ehnert, Günter; Kinsler, Detlef: Rock in Deutschland. Hamburg 1984 (3. erweiterte und aktualisierte Auflage)

Eimert, Herbert; Humpert, Hans Ulrich: Das Lexikon der elektronischen Musik. Regensburg 1973

Esch, Rüdiger: Electri_City – Elektronische Musik aus Düsseldorf. Berlin 2014

Flür, Wolfgang: Ich war ein Roboter. St. Andrä-Wördern 1999

Flür, Wolfgang: Ich war ein Roboter. Bremen 2013 (E-Book ohne Seitenpaginierung)

Frantz, Chris: Remain in Love. New York 2020

Frere-Jones, Sasha: Sound Machine – How did a pop band end up in a museum? In: The New Yorker, 30. April 2012

Graves, Barry; Schmidt-Joos, Siegfried; Halbscheffel, Bernward: Das neue Rock-Lexikon. Rowohlt, Reinbek 1998

Hamilton, Jack: Surrender to STEELY DAN. In: The Atlantic, June 2023, S. 76-79

Haring, Hermann: Rock aus Deutschland/West – Von den RATTLES bis NENA: Zwei Jahrzehnte Heimatklang. Reinbek 1984

Koch, Albert: KRAFTWERK. Höfen 2002

Koch, Albert: Ich höre die Stille und die Welt – Interview mit Ralf Hütter. In: Musikexpress 08/2017, S. 38-41

Koch, Albert: Wir haben immer unser Leben vertont – Interview mit Ralf Hütter. In: Musikexpress 08/2023, S. 28-31

Köck, Samir H. â: KRAFTWERK – TV-Verbot für Mensch-Maschinen. In: Die Presse, Wien, 21. April 2008

Kraftwerk: 3-D. Bildband. Düsseldorf 2011

Kraftwerk: *Minimum-Maximum*. Box mit CDs, DVDs, Grafik, Mousepad und Fotobuch (Konzertfotos von Peter Boettcher). EMI 2005

Krugman, Paul: Is Taylor Swift Underpaid? In: The New York Times, 20. Juni 2023

Legath, Jürgen (Hg.): Sounds – Platten 66-77: 1827 Kritiken. Frankfurt 1979

Lippegaus, Karl: Die Stille im Kopf – Interviews und Notizen über Musik. Zürich 1987

Loch, Siegfried E.: Siggi Loch – Plattenboss aus Leidenschaft. Hamburg 2010

Logan, Nick; Woffinden, Bob: The Illustrated Encyclopedia of Rock. New York 1976

Media News of KRAFTWERK, Ausgabe 1. mediacontact, Düsseldorf, 26. Januar 1971

Miersch, Manfred: Elektronische Instrumente im Film, Folge 1. In: Synthesizer-Magazin 1/2007, S. 48-51

Morawietz, Stefan: Kraut und Rüben – Dokumentarfilm in sechs Teilen. WDR, Köln 2006

News Journal: Mansfield, Ohio, 13. Mai 1975

Reetze, Jan: Der Sound der Jahre. Westdeutschlands Reise von Jazz und Schlager zu Krautrock und darüber hinaus – Ein Trip durch fünf Musikjahrzehnte. Halvmall Verlag, Bremen 2022

Ribi, Thomas: Ob Harry Styles schwul ist, spielt keine Rolle, und was Billie Eilish anzieht, auch nicht: Toleranz ist nichts für schwache Nerven. In: Neue Zürcher Zeitung, 29. Juni 2023

Roedelius, Hans-Joachim: Das Buch (Autobiografie). Baden bei Wien 2016

Rudorf, Reginald: Das Geheimnis der schwarzen Rille. Zit. n. Haas, Walter: Das Jahrhundert der Schallplatte – Eine Geschichte der Phonographie. Bielefeld 1979

Schult, Emil: Fluxus To Future – Werke/Works 1967-2017. Düsseldorf 2017

Sellers, Robert: The Remarkable Tale of Radio 1 – The History of the Nation's Favourite Station 1967-95. London 2021

Stockhausen, Karlheinz: Texte zur elektronischen und instrumentalen Musik, Band 1. Köln 1963

UMG: The Ultimate Music Guide. The Man-Machine – KRAFTWERK: The Full Story. Uncut, London May 2020

## WEB/TONTRÄGER


Billboard: KRAFTWERK Hot 100 Chart History. https://www.billboard.com/artist/kraftwerk/chart-history/hsi/

Billboard: KRAFTWERK 200 Chart History. https://www.billboard.com/artist/kraftwerk/chart-history/hsi/

Billboard: RAMMSTEIN Chart History. https://www.billboard.com/music/rammstein/chart-history

Chartsurfer.de: https://www.chartsurfer.de/artist/kraftwerk/pge.html

Discogs (Autobahn UK Single): https://www.discogs.com/release/50278-Kraftwerk-Autobahn/image/SW1hZ2U6NDg4NDY0Njc=

Discogs (CAN): https://www.discogs.com/release/2660567-The-Can-Monster-Movie

Discogs (ORGANISATION): https://www.discogs.com/digs/collecting/most-expensive-items-sold-april-2023/?utm_source=Homepage&utm_medium=Discogs&utm_campaign=EXP-APR-23_Collecting

Footagefarm (Tran und Helle): https://footagefarm.com/reel-details/comedy/generic/wwii---1939-germany--propaganda-shorts-tran-und-helle--no-1.

GEMA (Autobahn): GEMA-Werknummer 1333837-001; vgl. https://online.gema.de/werke (abgerufen 23. Juni 2023)

Grammy 60th Annual Award: Best Dance/Electronic Album. https://www.grammy.com/artists/kraftwerk/15880

Grammy 63rd Annual Award: Best Surround Sound Album. https://www.grammy.com/artists/fritz-hilpert/11859

Imgur (Peel): Zitat John Peel, o.J. https://imgur.com/eyglSuX

Kestrel, Elana: Christopher Franke – Impressions of a Sonic Painter. o.J. http://www.christopherfranke.com/interview.html

Klotschko, Paul: Michael Rother Interview. In: Left-Lion, 12. April 2017. https://www.leftlion.co.uk/read/2017/april/michael-rother-interview

Kraftwerk: „Autobahn" – Single, Zeitschriftenbeilage in blauem Vinyl, Musikexpress 14. März 2019

Kraftwerk: *3-D The Catalogue*, 9 LP- bzw. 8 CD-Set + 4 Blu-Ray-Discs, Klingklang/EMI 0190295873578, 2017

Kraftwerk: *Autobahn* – Deutsche LP, Philips 6305 231 D, 1974

Kraftwerk: *Autobahn* – US-LP, Vertigo VEL-2003, 1975

Kraftwerk: *Autobahn* – Japanische CD, EMI CP32-5609, 1988

Kraftwerk: *Autobahn* – Deutsche CD, Klingklang/EMI CDP 564-7461532, 1988 (?)

Kraftwerk: Konzerte. Bis 2001: https://twingokraftwerk.com/concerts.html; ab 2002: https://kraftwerk.com/concerts/index-concerts_archive.html. (Beide abgerufen 30. Juni 2023)

Müller-Ermann, Heiner: BUND online, o.J. https://www.bund-naturschutz.de/wirtschaft-umwelt/arbeitsplaetze-in-der-autoindustrie

Palladev, George: Jean-Michel Jarre – Music for Supermarkets. Story behind one-copy album. In: Medium, 3. Juni 2017. https://medium.com/12edit/jean-michel-jarre-music-for-supermarkets-story-behind-one-copy-album-52df10c5d653 (abgerufen 12. Juli 2023)

Röder, Klaus: Website, o.J. – https://web.archive.org/web/20090803115516/http://www.klaus-roeder.org:80/lelaude15.htm

Schmidt, Marko: Interview mit Klaus Röder, geführt 2000. https://web.archive.org/web/20040812035814/http://www.kraftwerk.mdis.de:80/roeder.htm (abgerufen 30. Juni 2023)

Wikipedia (Bognermayr): https://de.wikipedia.org/wiki/Hubert_Bognermayr (abgerufen 30. Juni 2023)

Wikipedia (Charts): https://de.wikipedia.org/wiki/Liste_deutscher_Interpreten_in_den_US-Charts (abgerufen 30. Juni 2023)

Wikipedia (Kraftwerk): https://de.wikipedia.org/wiki/Kraftwerk_(Band) (abgerufen 30. Juni 2023)

Wikipedia (Volksempfänger): https://de.wikipedia.org/wiki/Feindsender#/media/Datei:Paper_tag_on_Volksempfaenger_radios_german.gif (abgerufen 30. Juni 2023)

## INFOGRAFIKEN

Die folgenden Quellenangaben stammen vom Grafiker Thorsten Breyer und beziehen sich ausschließlich auf die Infografiken innerhalb des Buchumschlag-Innenteils (diese doppeln sich teilweise mit den Quellenangaben von Jan Reetze bzgl. des Buchtextes):


Discogs (Autobahn Album): https://www.discogs.com/master/2994-Kraftwerk-Autobahn (abgerufen 11. Oktober 2023)

Discogs (Autobahn Single): https://www.discogs.com/master/89959-Kraftwerk-Autobahn (abgerufen 11. Oktober 2023)

Discogs (Kohoutek - Kometenmelodie Single): https://www.discogs.com/master/811375-Kraftwerk-Kohoutek-Kometenmelodie (abgerufen 11. Oktober 2023)

Discogs (Kometenmelodie 2 Single): https://www.discogs.com/master/69373-Kraftwerk-Kometenmelodie-2 (abgerufen 11. Oktober 2023)

Discogs (Kraftwerk): https://www.discogs.com/artist/4654-Kraftwerk (abgerufen 11. Oktober 2023)

Kraftwerk: *Autobahn* – Deutsche LP, Philips 6305 231 D, 1974

McNiece, Sam: Gear Rundown: Kraftwerk Autobahn. In: Mixdown, 14. Juni 2021. https://mixdownmag.com.au/features/gear-rundown-kraftwerk-autobahn/ (abgerufen 11. Oktober 2023)

Wikipedia (Autobahn Album): https://en.wikipedia.org/wiki/Autobahn_(album) (abgerufen 11. Oktober 2023)

Wikipedia (Kraftwerk): https://de.wikipedia.org/wiki/Kraftwerk_(Band) (abgerufen 11. Oktober 2023)

Thorsten Breyer
Halvmall Verlag
Buntentorsteinweg 172
28201 Bremen

www.halvmall.de

Autor: Jan Reetze
Gestaltung, Illustration, Infografiken, Buchsatz: Thorsten Breyer
Fachliche Unterstützung: Klaus Zäpke
Druck: BALTO print (Utenos g. 41B, 08217 Vilnius)

Für den Buchtitel wurde der Display-Font „Tropikal“ von Gabriel Reyes verwendet.

Dieses Buch entstand ohne Kenntnis oder Mithilfe von aktuellen oder früheren Mitgliedern der Gruppe Kraftwerk oder Personen aus ihrem Umfeld. Es wurde weder von aktuellen noch früheren Mitgliedern der Gruppe, Familienangehörigen, Erben oder Nachlassverwaltern gegengelesen oder autorisiert.



Die Deutsche Nationalbibliothek verzeichnet diese Publikation in der Deutschen Nationalbibliografie; detaillierte bibliografische Daten sind im Internet über http://dnb.dnb.de abrufbar.

Dieser Titel ist ebenfalls als E-Book erhältlich
(ISBN 978-3-9822100-5-6)

Originalausgabe
1. Auflage 2024

Gedruckt in der EU
ISBN 978-3-9822100-4-9

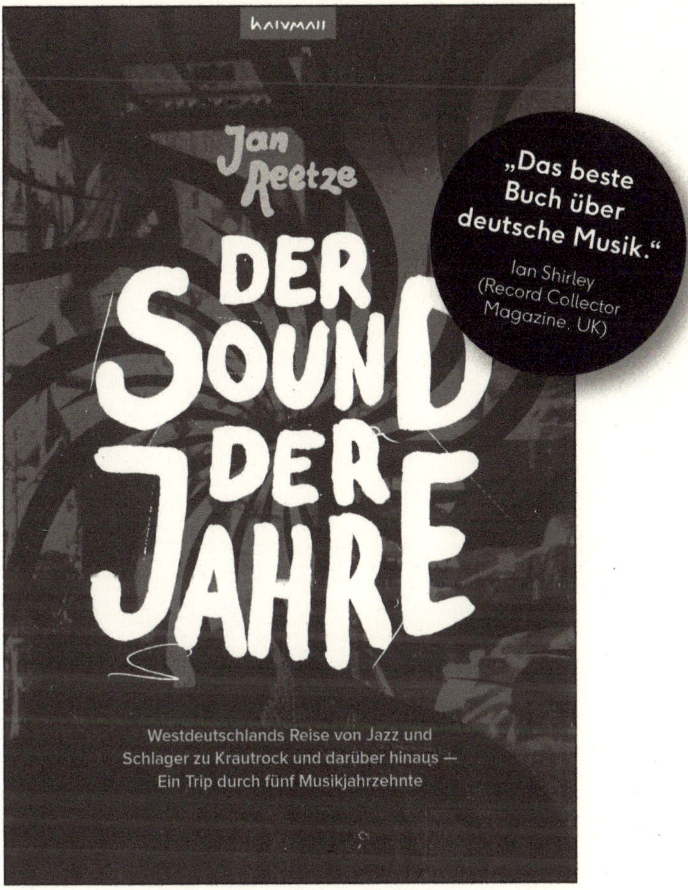


**Jan Reetze: Der Sound der Jahre**

Halvmall Verlag, 2024 – 540 Seiten.
Jetzt auch als Softcover im Großformat (155 × 229 mm) mit Buchcover zum Ausklappen und farbigen Infografiken erhältlich

**Klappenbroschur (26,00 € inkl. 7 % MwSt.): ISBN 978-3-9822100-6-3**
Hardcover (29,50 € inkl. 7 % MwSt.): ISBN 978-3-9822100-2-5
E-Book (21,99 € inkl. 7 % MwSt.): ISBN 978-3-9822100-3-2
Englische Ausgabe (24,99 € inkl. 7 % MwSt.): ISBN 978-3-9822100-0-1

halvmall.de/der-sound-der-jahre/